아는 만큼 보이는
어원 이야기

지적인 생각을 만드는 인문학 수업

아는 만큼 보이는
어원 이야기

패트릭 푸트 지음 × **김정한** 옮김

이터

● 차례

4
밴드

Bands

5
신체 부위

Body
Parts

**9
색깔**

Colours

**10
원소**

Elements

우리가 드디어 다시 만났다. 이 책에 더 알고 싶은 좋은 명칭이 부족할 수도 있고, 발음이 아주 괴상할 수도 있다. 하지만 우리의 명칭 탐구 모험은 계속될 것이다! 나는 앞으로 탐구할 명칭과 단어의 기원, 그와 관련된 모든 이야기를 탐구하는 일에 몹시 들떠 있다. 이 책을 읽는 여러분들도 모두 나와 같은 기분이라면 좋겠다.

앞서 출간된 책 『알아두면 쓸모 있는 어원잡학사전』에서 소개한 용어들은 빙산의 일각에 불과하다. 하지만 이 책에서 소개할 용어들은 제법 커다란 빙산 조각이 될 것이다. 사물에 붙은 명칭의 유래를 밝혀내는 데 집중하고 있기 때문이다. 모든 것에는 명칭이 있다. 이는 나 같이 명칭의 유래에 집착하는 괴짜나 여러분들처럼 어원에 관심이 많은 사람에게는 다행스러운 일이다.

그래서 다시 단어의 기원을 담은 세계로 뛰어들어야 할 때이다. 나는 다시 한 번 모두와 공유하고 그 유래를 설명하고 싶은 수많은 명칭과 단어들을 찾아냈다. 전권에서와 마찬가지로 이 책도 주제별로 분류하고, 각각의 주제에는 그에 맞는 명칭들을 다루고 있다. 해당 분야에서 가장 인기 있는 명칭, 사람들이 궁금해 하는 명칭, 현재 사용되는 명칭을 갖게 된 유래, 덜 알려졌지만 흥미로운 명칭들이다.

이 책은 앞서 출간된 책의 다음 편인데, 전편을 읽은 사람이 많을 것이다. 그렇지 않은가? 하지만 전편을 읽지 않고 바로 이 책을 읽기 시작한 사람도 있을 수 있다. 그런 분들을 위해 먼저 간단히 내 소개를 하고자 한다.

자기소개

이 책의 저자의 이름은 패트릭 푸트이다. 즉, 내가 바로 패트릭 푸트이다. 내가 왜 나를 3인칭으로 소개하고 있는지는 잘 모르겠지만 말이다. 나는 이 책『아는 만큼 보이는 어원 이야기』를 집필하기 위해 약 5년간 어원과 단어의 기원을 연구해 왔다.

하지만 대형 도서관, 명망 있는 대학, 전문적인 교육 기관 등에서 연구를 진행한 것은 아니다. 나는 주로 우리 집 지하실이나 커피숍에서 무작정 단어의 유래를 연구했다. 그러면서 유튜브 채널 〈Name Explain〉을 운영했다. 이는 말 그대로 명칭의 유래를 설명하기 위한 채널이다.

이 유튜브의 시작은 아주 보잘것없었다. 낮에 슈퍼마켓 일이 비교적 한가할 때 시작한 일이었다. 채널이 성장하면서 나는 각종 위험을 감수해야 했다. 단어를 연구하던 대학을 떠나야 했고, 돈을 벌던 슈퍼마켓을 그만둬야 했으며, 늘 나의 안전한 보금자리였던 부모의 집에서도 나와야 했다.

하지만 〈Name Explain〉이 어원 해설에 중점을 둔 가장 인기 있는 유튜브 채널 중 하나가 되어준 덕분에 이러한 위험들을 기꺼이 감수할 수 있었다. 또한, 이 채널에 힘입어 어원을 밝혀내는 일에 전념할 수 있게 되었고, 책들을 집필할 기회도 얻었다. 두고두고 감사할 일이다.

나는 이 분야에 대한 학력이나 학위도 없고, 전문가라고 주장할 수도 없는 사람이다. 하지만 나에게는 단어의 기원에 대한 불타는 열정이 있고, 구글을 통한 검색에도 일가견이 있다. 따라서 나의 연구 내용에 대해서는 안심해도 좋을 것이다. 최소한 나는 그렇게 생각한다.

어원이란 무엇인가?

나는 '어원etymology'이라는 멋진 용어를 이미 수차례 사용했다. 이 단어는 그리스어 에티몰로기아etymologia에서 비롯되었다.

'단어의 진정한 기원을 찾는 연구'라는 뜻이다. 기본적으로 단어의 기원을 의미하는 꽤 어려운 용어이다.

하지만 내가 좋아하는 용어로 이 책에서 많이 사용할 생각이다. 어원의 유래가 시작되는 곳은 매우 다양할 수 있다. 방금 어원이라는 용어에서도 보았듯이 단어들은 고대 어원에 뿌리를 둘 수 있다. 그리스어와 라틴어가 특히 영어와 함께 큰 역할을 하는 경우가 많다. 따라서 이 책에서는 이 두 언어가 다시 등장할 것이라고 확신한다.

단어들은 온갖 종류의 어원에서 비롯될 수 있다. 어떤 단어들은 다른 단어들과 합쳐지면서 만들어지기도 한다. 이를테면, 안락의자armchair는 '팔arm'과 '의자chair'를 합친 단어이다. 때로는 긴 단어를 줄여서 사용하기도 하는데 각 단어의 첫 글자를 따서 새로운 단어를 만들어 원래의 단어를 대체한다. 자급식 수중호흡기self-contained underwater breathing apparatus를 스쿠버SCUBA로 줄인 것이 그러한 예이다. 때로는 중요한 인물이나 중요한 장소의 명칭을 따서 단어를 만들기도 한다. 또, 때로는 재미난 이야기가 연결되기도 하고, 때로는 느닷없이 만들어지기도 한다.

모든 어원은 나름대로 흥미로운 점을 지니고 있다. 이는 분명한 사실이다. 모든 단어는 어원을 가지고 있지만, 시간이 너무 흐른 나머지 옛 정보들이 부족해서 확실한 어원이 무엇인지 정확히 알 수 없는 경우도 있다.

모든 어원 학자에게 가장 큰 어려움은 구어口語가 공룡의 뼈나 고대의 도자기 조각처럼 실물로 보존되지 못한다는 것이다. 여전히 풀리지 않는 최대의 미스터리 중 일부는 그 기원을 도저히 알 수 없는 단어들이다.

하지만 그 자체가 놀라운 일이다. '개dog'라는 단어를 예로 들어보자. 아무도 개라는 단어가 어디서 왔는지 정확히 알지 못한다. 개처럼 흔한 단어가 동시에 가장 신비로울 수도 있다는 것이 정말 놀랍지 않은가?

이 책에는 어떤 어원들이 있나?

───

앞서 말했듯이 전편은 빙산의 일각이었다. 그 책에서는 더 큰 그림과 명확한 주제를 다루고 싶었다. 만약 누군가에게 많은 명칭을 지닌 대표적 명칭을 말해 보라고 한다면, 그것이 전편의 주제가 되었을 것이다. 국가, 동물, 마을, 물체, 행성 등이 그 예이다.

이번 책도 같은 주제를 다루고 있지만, 완전히 새로운 것이다. 목차에서 볼 수 있듯이, 다양한 분야의 토픽이나 테마들이 있다. 이번에는 명확성이 다소 떨어지는 토픽들도 몇 개 있다. 하지만 모든 것에는 명칭이 있기 때문에 아무리 틈새가 있어 보이더라도 전부 다루어져야 한다는 생각이다.

전편에서 다룬 다양한 주제들에 대해서도 다른 측면을 좀 살펴보고 싶었다. 전편에서는 오늘날 존재하는 국가와 도시를 살펴보았다. 이번에는 과거에 존재했던 역사적 장소를 살펴볼 것이다. 또한, 전편에서는 동물의 왕국을 집중적으로 조명했다. 그래서 이번에는 식물의 왕국을 조명하고, 지구의 녹지에 대한 가치를 강조하고자 한다.

이 책에서 다루고 있는 것 중에도 명확한 것들이 꽤 있다. 전편에서는 왜 수역들을 다루지 못했을까? 그리고 색깔들은? 아마도 가장 충격적인 것은 지구상에서 가장 흔한 명칭들을 제대로 다루지 못했다는 사실이다. 그것은 다름 아닌 바로 우리의 이름name이다! 우리는 모두 이름을 가지고 있다. 내가 가장 먼저 다루고 싶은 것은 바로 그 이름들이다.

The Origin of Names,
Words and Everything in Between
Volume II

1
이름
First Names

"

모든 사람은 자기 이름을 가지고 있다.
이름이든, 성씨이든, 세례명이든 모두 다 이름이다.
누군가의 정체를 나타내는 것이 바로 '이름'이다.
이름은 그 사람의 존재 그 자체를 나타낸다.

영어 이름에는 모두 의미가 있지만,
더러는 별다른 의미가 없는 이름들도 있다.
여기 등장한 이름들은 특별한 이유가 있다.
나는 세계에서 가장 많이 선택되는 이름의 기원,
기묘한 의미를 지닌 이름,
생소한 곳에서 유래된 이름들을 공유하고 싶었다.

이제 이름들을 가지고 한번 신나게 놀아보자!

"

올리버
Oliver

**평화를 사랑하는
요정 군대를 이끄는 사람**

● 세계 여러 지역, 특히 영어권 국가들에서 올리버Oliver는 가장 인기 있는 남자아이 이름 중 하나이다. 그래서 가장 인기 있는 이 이름으로 시작하는 것이 적절해 보였다. 올리버는 현재 매우 인기 있는 이름이지만, 그 유래를 아는 사람은 거의 없다.

대부분의 자료에 따르면 이 이름은 노르만족의 이름 올리비에Olivier에서 비롯됐다. 1066년 노르만족과 함께 영국에 유입되었다는 것이다. 그렇다면 노르만족은 어떻게 이 이름을 갖게되었을까? 한 가지 생각은 라틴어로 올리브 나무를 뜻하는 단어 올리바oliva에서 유래했다는 것이다.

　로마인들은 올리브를 좋아했다. 물론 맛이 있어서이지만, 로마인들과 고대 지중해 지역의 주민들에게 올리브는 단지 맛있는 음식 이상의 의미가 있었다. 올리브와 올리브 나무는 평화의 상징이 되었다. 오늘날에도 영어로 '화해의 손을 내밀다'라는 표현은 'extend the olive branch(올리브 가지를 내밀다)'라고 한다. 이토록 사랑받는 열매가 사람 이름의 유래인 것은 지극히 당연하다.

　올리버의 기원에 대한 또 다른 이론은 그다지 설득력이 없다. 올리비에Olivier라는 노르만족의 이름이 중기 저지 독일어Middle Low German 이름인 알피하르Alfihar에서 유래한 것으로 생각된다는 것이다. 이 이름은 요정 무리elf-host 혹은 요정의 군대elf-army라는 의미이다.

　요정들을 모은다는 생각은 꽤 멋있다. 하지만 요정들의 군대를 만든다는 생각은 더 멋있다고 생각한다. 내가 너무 괴짜라서 그런지도 모르지만 말이다. 아무튼 라틴어 '올리바'이건 중기 저지 독일어 '알피하르'이건 둘 다 노르만족의 '올리비에'가 되었다. 이는 영국으로 건너가 '올리버'가 되었으며, 결국 아기 이름으로 전 세계를 휩쓸게 되었다.

맬러리
Mallory

**아름답지만 불운하고
불행한 사람**

● 맬러리는 1980년대에 큰 인기를 끌었던 발음이 예쁜 이름임에 틀림없다. 하지만 그 의미까지 예쁘다고는 할 수 없다. 사실이 이름은 상당히 불쾌한 의미를 지니고 있다. 실제로 '맬러리'라는 이름은 말 그대로 '불행한'이라는 뜻이다.

'맬러리'는 프랑스에서 유래한 이름으로 불행하다는 뜻인 '말레우르Malheure'라는 옛 이름에서 유래했다. 그런데 왜 이렇게 불쾌한 의미를 가진 단어가 사람의 이름으로 쓰이게 된 것일까?

이 이름의 유래를 이해하려면 먼저 성씨와 이름의 구조에 대해서 이해해야 한다. 많은 이름들은 원래 성씨에서 시작되었다. 하지만 세월이 흐르면서 성씨는 이름 뒤로 밀려나게 되었다. 예전에는 모든 이름이 하나로 이루어졌었다. 그런데 인구가 늘어나면서 많은 사람들이 같은 이름을 갖게 되었고, 이 때문에 사람들을 구별하려면 이름이 하나 더 필요하게 되었다. 사람들은 자신을 잘 드러내기 위해서 자신의 이름 뒤에 또 하나의 다른 이름을 덧붙이기 시작했다.

이 덧붙여진 두 번째 이름이 오늘날 성씨로 알려진 것이다.

이는 처음에는 오래된 별명처럼 여겨졌다. 예를 들자면, 사는 장소 혹은 직업에서 영감을 얻어서 붙여진 이름이었다. 하지만 계속 사용하면서 사람들은 자신의 이름을 자랑스럽게 여기기 시작했고 그것을 자녀들에게 물려주기 시작했다. 그래서 우리는 지금 현대적 의미의 성씨를 가지게 된 것이다!

그렇다면 맬러리는 이 설명에 어떻게 적용될까? 성씨로 알고 있는 두 번째 이름은 직업과 거주 장소뿐만 아니라 이름을 가진 사람들의 특성에서도 영감을 받아 사용되었다. 이 중에서 몇몇 불운하고 불행한 사람들에게 말레우르라는 프랑스어 별명이 붙여졌던 것 같다.

이는 억압받는 자들을 지칭하는 표현으로 대를 이어 물려주게 되었고, 오늘날 우리가 알고 있는 이름인 맬러리가 되었다. 놀라운 점은 비록 이런 우울한 의미를 지니고 있음에도 사람들이 이 이름을 선택하는 것을 막지 못했다는 것이다.

캘빈
Calvin

**명예로운
대머리**

● 캘빈도 거창한 의미를 지닌 이름은 아니다. 그 어원도 맬러

리와 비슷하다. 캘빈도 이 이름을 지닌 사람의 특성 때문에 붙여진 별칭에서 시작되었다. 하지만 '불행' 같은 형이상학적 특성은 아니었고, 신체적 특성에서 영감을 받은 것이다. 캘빈의 유래는 고대 로마의 '칼비누스Calvinus'라는 가문의 명칭까지 거슬러 올라간다.

이 가문의 명칭은 앞서 언급했던 성씨와 거의 같은 개념의 고대 로마어이다. 아마도 누군가 이 이름을 추가로 부여받았을 것이고, 그는 이것을 큰 명예로 여겼을 것이다. 그렇다면 칼비누스라는 가문명은 무슨 뜻이었을까? 사실 이 가문명은 머리털이 하나도 없는 '대머리'란 뜻이었다. 따라서 이 이름이 영어로 캘빈이라는 이름으로 전해졌을 때도 여전히 대머리라는 의미였다.

그런데 캘빈이라는 이름은 좀 지나친 것 같다. 솔직히 대머리가 되는 것이 뭐가 그리 나쁘다는 말인가? 이는 자연스러운 현상일 뿐이다. 하지만 인간 사회에서는 탈모가 웃음거리가 되어왔기 때문에 대머리라는 의미의 이름을 말하면 웃기지 않을 수 없다. 앞으로 대머리가 되지 않도록 노력해야겠다.

지금 이 책을 읽고 있는 캘빈이나 대머리인 사람들에게는 사과의 말을 전한다. 라틴어와 깊은 관련이 있는 스페인어로 대머리가 '칼보calvo'인 것도 바로 이 때문이다.

제시카
Jessica

**지긋이
지켜보는 사람**

● 제시카라는 이름의 유래는 매우 유명하다. 이 이름은 음유시인 윌리엄 셰익스피어가 만든 이름이다. 셰익스피어가 영어에 엄청난 공헌을 한 것은 사실이다. 우리가 가진 원래의 자료에 따르면 제시카라는 이름이 그의 희곡 『베니스의 상인』에서 나왔다는 것은 맞는 말이다. 하지만 그가 제시카라는 이름을 최초로 만들어서 사용했다는 것은 사실이 아니다.

가장 설득력 있는 주장은 셰익스피어가 제시카라는 이름을 고대에 이미 존재했던 어떤 이름에서 만들었다는 것이다. 제시카는 고대 성서에 등장하는 이름 '이스카Iscah'에서 비롯되었다. 이스카는 히브리어가 어원인 '이스카Yiskah'에서 유래했다.

이 이름은 성경에서 흔하게 등장하는 이름이 아니다. 아브라함의 조카딸 이름이 이스카였다는 것이 가장 눈에 띈다. 이는 '지켜보다'는 의미를 지녔는데, 음유시인이었던 셰익스피어가 이 이름을 우연히 발견한 후 제시카라는 이름으로 재가공했을 가능성이 크다. 그리고 오늘날까지도 제시카는 여전히 '지켜보다'라는 의미를 지니고 있는 것으로 보인다.

셰익스피어가 '창조한' 것으로 추정되는 다른 이름들도 많다. 올리비아Olivia, 미란다Miranda, 페르디타Perdita, 플로리젤Florizel, 이모젠Imogen, 그리고 그 유명한 오셀로Othello 등이 이에 속한다. 하지만 제시카라는 이름처럼 이러한 이름들도 그가 무無에서 유有를 창조한 것이 아니라 이미 어원을 두고 있던 이름들을 살짝 고쳐서 만든 것이다.

알렉산더
Alexander

**인간의
수호자**

● 알렉산더는 전화기 발명가 알렉산더 그레이엄 벨에서부터 미국 건국의 아버지 알렉산더 해밀턴에 이르기까지 역사상 가장 위대한 인물들이 지녔던 이름이다. 하지만 이 이름은 원래 특정한 한 인물의 별명에서 시작되었다. 그는 그리스 신화 속 전설의 인물인 '파리스Paris'이다.

파리스는 트로이의 왕자로, 스파르타의 왕비 헬렌과 눈이 맞아 도주해 저 유명한 트로이 전쟁의 도화선을 당긴 인물이다. 궁금해 하는 사람들을 위해서 미리 말해두지만 이 인물은 프랑스 수도인 파리Paris와는 무관하다.

파리스는 젊은 시절 많은 사람을 도왔고, 도움이 필요한 사람들을 변호하는 활동도 열심히 했다. 양떼를 도둑맞은 양치기들을 도운 사례도 있었다. 그러자 양치기들이 그에게 감사를 나타내며 알렉산드로스Aléxandros라는 칭호를 바쳤다.

이 칭호는 '방어하다'를 뜻하는 알렉세인alexein과 '사람'을 뜻하는 아네르anēr라는 두 그리스 단어에서 유래되었다. 그러니까 '방어하는 사람'이나 '변호하는 사람'이라는 의미로 보인다. 꽤 영웅적인 의미이다. 물론 이 칭호가 세월과 함께 변화를 거듭하면서 이름이 되었고, 그 형태도 알렉산더로 변형되었다.

또한, 그리스 신화 속 파리스보다 더 영웅적인 인물에게도 이 이름이 부여되었다. 그는 알렉산더 대왕이라는 직함으로 더 유명한 마케도니아의 알렉산더 3세이다. 고대 마케도니아의 왕으로서 알렉산더 3세는 수많은 전쟁에서 승리하고 엄청난 양의 땅을 차지한 인물이다. 이 위대한 전쟁 지도자에게도 '인간의 수호자'라는 뜻을 지닌 알렉산더라는 이름은 제법 잘 어울렸다.

라케이샤

Lakeisha

계피나무 같은
사람

● 아프리카계 미국 문화에는 독창적인 이름에 대한 풍부한 역사들이 많다. 라케이샤가 바로 그 대표적인 예이다. 아프리카계 미국인들의 이름은 아프리카 대륙이든 미국이든 매우 다양한 출처에서 영감을 얻었다.

과거 프랑스는 현재 루이지애나주나 아이티의 영토 등 아메리카의 여러 지역에 대한 지배권을 가지고 있었다. 이러한 영향을 받아 아프리카계 미국인들의 이름에도 프랑스어가 큰 영향을 끼쳤다.

루이지애나주와 아이티에서는 아직까지도 프랑스어의 변종 언어가 많이 사용되고 있다. 이들 두 지역에는 아프리카계 미국인들이 많이 거주했기 때문에 프랑스어는 그들과 그들의 이름에도 많은 영향을 주었다.

라케이샤라는 이름의 첫머리에 있는 '라La'는 프랑스 어원에서 유래한 것이다. 프랑스어로 이는 단순히 정관사인 '더the'를 의미한다. 드마커스Demarcus나 르브론Lebron 같은 몇몇 아프리카계 미국인들의 이름에서 이런 프랑스어 접두사를 볼 수 있다.

그렇다면 '케이샤keisha'라는 부분은 어디에서 유래했을까? 이에 대해서는 두 개의 대표적인 가설이 있다. 하나는 '좋아하는 것'을 의미하는 아프리카어 어원에서 유래했다는 것이다. 하지만 이런 설명에는 그에 해당하는 아프리카어를 정확하게 명시하지 않고 있어서 의구심을 자아낸다. 아프리카는 공용어를 사용하는 단일 국가가 아니기 때문이다.

더 유력한 증거를 지닌 설명은 그것이 계피cinnamon를 의미하는 히브리어 이름인 '케지아Keziah'에서 유래했다는 것이다. 이상한 소리로 들리겠지만, 계피가 나무에서 나온다는 것을 기억하자. 올리버라는 이름에서도 확인했듯이 나무 이름을 따서 사람의 이름을 짓는 것은 조금도 이상한 일이 아니다.

여기서 강조하고 싶은 것은 지금까지 라케이샤를 아프리카계 미국인의 이름이라고 설명했지만, 그렇다고 해서 이것이 아프리카계 미국인만 사용했던 이름은 아니라는 것이다. 다른 많은 이름들처럼 라케이샤는 널리 쓰이는 이름이다. 다만, 아프리카계 미국인들이 만들었다는 점만은 분명한 사실이다.

무함마드
Muhammad

**칭찬받고
사랑받는 사람**

● 많은 사람들이 무함마드가 이 세상에서 가장 많은 이름이라고 주장한다. 어느 정도 사실이기는 하지만 또 사실이 아니기도 하다. 이 이름이 인기가 있고 많은 사람들이 이 이름을 사용하지만, 무함마드가 많은 나라에서 1위를 차지하는 이름은 아니다. 주된 이유는 모하메드, 모하마드, 미함마드, 무하마드 등 철자 변화가 꽤 많기 때문이다.

이 철자가 다른 모든 이름들까지 포함한다면 무함마드는 세계에서 가장 인기 있는 이름일 가능성이 높다. 하지만 철자가 다른 각각의 이름 중 그 어느 것도 세계에서 가장 인기 있다고 말하기는 어렵다.

세계 1위의 이름이든 아니든, 어쨌든 인기 있는 이름인 것은 맞지 않느냐는 주장을 부인할 수는 없다. 왜냐하면 그 인기의 배경에는 이슬람교가 있기 때문이다. 이슬람의 예언자 역시 이 이름을 가지고 있다. 이는 많은 이슬람교도 부모가 자식에게 이 예언자와 같은 이름을 지어주고 있다는 의미다. 이름을 공유함으로써 그들 역시 예언자 무함마드와 같은 삶을 살기를 바라는 것이다.

하지만 이 이름의 유래를 따지자면, '찬양하다'를 뜻하는 아랍어 동사 하미다hamida에서 비롯된 것으로 생각된다. 따라서 무함마드라는 이름은 '찬양하다', '찬양할 가치가 있는', '칭찬할 만한' 등의 의미를 지닌 것으로 보인다. 전 세계에서 많은 사람에게 칭찬받고 사랑받는 사람의 이름이 바로 이러한 의미라는 것은 어쩌면 당연한 일이다.

—

히나
Hina

햇살 같은
사람

● 이처럼 간단한 이름은 아시아 지역의 언어에서 흔히 볼 수 있다. 하지만 가장 많이 쓰이는 것은 일본 여성 이름이다. 일본어이기 때문에 영어 등 라틴어 알파벳과 함께 표기하지 않는 것이 일반적이다. 보통은 낱말이나 구절의 의미를 한 글자로 나타내는 한자로 표기된다. 한자는 하나의 문자가 개별인 소리를 나타내는 알파벳 문자와는 다른 체계의 발음 구조를 지니고 있다.

히나라는 이름은 한자 한두 개만으로 만들어진 발음이 아니다. 일본어에서는 100여 개의 다른 한자 조합과의 변형으로 '히나'라는 발음이 만들어질 수 있다. 이는 히나라는 이름을 만드는 다양한 한자 조합들이 저마다 다른 의미를 나타낼 수 있음을 의미한다.

가장 설득력이 있는 주장은 히나라는 이름이 '빛' 혹은 '햇살'을 의미한다는 것이다. 이 이름이 '남성'이나 '채식'을 의미한다는 주장도 있다. 이는 한자가 다양한 의미로 해석될 수 있기 때문이다. 하지만 히나는 한자의 철자가 무엇이든 간에 꽤 예쁜 발음을 지닌 이름이라는 것은 분명하다.

산티아고
Santiago

성인 같은
사람이 되기를

● 산티아고는 스페인어와 포르투갈어 언어권에서는 이름으로뿐만 아니라 성씨나 지명으로도 사용된다. 칠레의 수도를 포함해 이를 지명으로 가지고 있는 거주지도 많다! 또한, 종교적인 기원을 지닌 이름이기도 하다.

이 이름의 첫 부분은 꽤 이해하기 쉽다. 그것은 스페인어 '산토santo'에서 왔으며 '성인'을 의미한다. 앞서 말했듯이 종교적인 이름이다. 그렇다. 이는 기독교 성자의 이름에서 따온 것이다.

나는 이 이름이 꽤 마음에 든다. 이 성자들에게는 별도의 이름이 또 있어서 이를 따서 아이들의 이름을 지을 수 있기 때문이다. 또한, 성자라는 호칭 자체도 실제 이름으로 사용되고 있다.

산티아고라는 이름이 구체적으로 어떤 성자와 관련이 있을까? 성 이아고Iago인가? 그런 셈이다. 이 이름의 뒷부분은 야고Yago에서 유래되었다. 이는 제임스James라는 이름의 스페인어 형태이다. 따라서 산티아고는 세인트 제임스Saint James(성 야고보)를 뜻하는 이름이다.

앞서 말했듯이, 성자의 이름을 따서 자녀의 이름을 짓고 싶다면 그냥 제임스라고 부르면 되지 않을까? 그런데 성 제임스에서 따올 수 있는 이름은 산티아고뿐만 아니라 단축된 이름인 디에고Diego도 있다! 그러니까 이는 디에고라는 이름의 유래를 나타내는 설명이기도 하다.

왕가리
Wangari

표범에서 유래한
창조하는 여자

● 케냐에 살고 있는 키쿠유족은 케냐 전체 인구의 약 17%를 차지하고 있다. 왕가리라는 이름은 키쿠유족의 언어에서 사

용되는 소녀의 이름이다. 이 이름은 '표범'을 뜻하는 단어인 '응가리ngarĩ'에서 유래된 것으로 생각된다. 표범은 분명히 사람의 이름으로 사용하기에 꽤 멋진 동물이다. 특히, 영어권에서는 동물에서 따온 이름이 그리 흔하지 않다는 점을 고려한다면 말이다.

왕가리라는 이름 자체는 키쿠유족에게는 창제 신화를 통해 가장 잘 알려져 있다. 그들을 창조한 여신 뭄비Mumbi의 아홉 딸 중 한 명의 이름이 왕가리이다. 키쿠유에서는 '창조하는 여자' 또는 '구축하는 여자'라는 의미의 이름으로도 쓰이고 있다. 하지만 내 눈에는 표범의 이름을 딴 것만큼 멋있어 보이지는 않는다.

The Origin of Names,
Words and Everything in Between
Volume II

2

성씨

Last Names

"

성씨를 부르는 영어 단어는
last name, family name, surname 등 다양하다.
명칭이 무엇이든 성씨를 중요하게 여기는 사람들도 있다.
가족을 통해 전해지는 전통적인 이름이기 때문이다.
전통 덕분에 성씨는 대부분의 가족 구성원들보다
오래 지속될 수 있었다.

모든 가정이 고유한 성씨를 가지고 있는 것은 아니다.
전 세계에는 아주 다양한 성씨들이 존재한다.
여기서는 세계에 존재하는 성씨들을
많은 것부터 직은 것까지 선별해서 볼 것이다.

성씨는 마지막 이름last name이라고 부르고 있지만,
항상 누군가의 이름 끝에 붙는 것은 아니다.

"

스미스
Smith

검과 갑옷을
만들던 사람들

● 스미스는 영어권 국가에서 가장 인기 있고 잘 알려진 성씨일 것이다. 만약 누군가에게 성씨를 하나 말하라고 한다면 아마도 '스미스'라고 말할 것이다. 대부분의 영어 성씨는 몇몇 기원 중 하나에서 비롯되었다.

그중 하나는 우리 조상들의 직업이다. 예를 들어, 파머Farmer라는 성씨를 가진 사람은 아마도 농부 집안 출신일 것이다. 베이커Baker와 같은 성씨를 지닌 사람이 빵집 출신인 것처럼 말이다. 스미스라는 성씨를 갖게 된 데에도 직업적 뿌리가 있다.

스미스라는 성씨를 가진 사람은 아마도 대장장이였던 조상을 두었을 것이다. 그들은 검과 갑옷과 같은 것들을 만들기 위해 강철과 쇠를 다루었던 사람들이다. 오늘날에도 스미스라는 성씨를 가진 사람들이 많이 있다는 사실은 과거에 대장간 일에 종사했던 사람들이 엄청나게 많았다는 것을 암시한다.

하지만 과거에 모든 사람들에게 칼이 필요했던 것은 아니었다. 사람들 대부분은 화려한 갑옷 한 벌을 살 돈이 없었다. 그렇다면 대장장이가 많이 필요하지 않았을 렌데 왜 스미스는 그렇게 인기 있는 성씨가 되었을까?

말발굽을 다루던 대장장이blacksmith는 인기 있는 직업이었지만 다양한 대장장이들 중 한 종류였을 뿐이다. 금을 다루는 금세공인goldsmith, 구리를 다루는 구리세공인coppersmith, 무기를 만드는 칼세공인bladesmith, 주석을 다루는 양철세공인whitesmith, 납을 다루는 납세공인greensmith도 있었다. 이 모든 종류의 대장장이들은 그들의 직업을 성씨로 사용하면서 계속 일했다.

하지만 세월이 흐르면서 대부분은 '스미스'라는 이름으로 단축되었다. 일부 성씨로 계속 존속하는 경우도 있는데 가장 좋은 예는 스미스만큼 흔하지는 않지만 여전히 인기 있는 골드스미스Goldsmith이다.

여기서 한 가지 질문이 더 생긴다. 왜 이 금속 노동자들은 애초에 스미스라고 불렸을까? 스미스라는 직업명은 '무언가를 엄청난 힘으로 때리다'라는 뜻의 동사 '스마이트smite'와 관련이 있다고 믿어진다. 금속 세공은 금속에 엄청나게 많은 매질을 하는 것이고, 시간이 지남에 따라 스마이트smite는 스미스smith로 진화했다.

포드
Ford

**강가 옆에
사는 사람들**

● 성씨가 생겨난 또 다른 방법은 과거의 사람들이 그들이 살던 곳을 이름에 반영하는 것이었다. 때때로 마을이나 어떤 정착지를 구체적으로 지칭했다. 링컨Lincoln이라는 성씨가 대표적인 예로, 이는 궁극적으로는 영국의 링컨시에서 유래했다.

때로는 성씨들이 특정한 마을이나 도시를 가리키는 대신 지리적 특징을 언급하는 경우도 있었다. 포드Ford라는 유명한 성씨가 바로 이러한 경우로 보인다.

포드는 잘 알려진 지리적 특징은 아니다. 지리적 특징에서 유래한 성을 상상할 때면 나는 숲이나 언덕 같은 것들을 생각하는 편이다. 포드는 자연 세계의 일부이다. 수심이 유난히 얕아져서 인간, 가축, 그리고 수레나 마차가 안전하게 건널 수 있는 강의 특정 부분을 '포드'라고 말한다. 이 명칭을 성씨로 채택한 사람들은 이러한 강가의 옆에 사는 사람들이었을 것이다.

포드라는 단어 그 자체는 고대 단어로, 궁극적으로 '통로'를 의미하는 인도-유럽조어 '프루트prtu'에서 유래되었다. 또한, 항구로 오가는 인도-유럽조어에서 나온 것이다. 포드 성씨를 지닌 유명한 인물은 물론 포드 자동차를 만든 헨리 포드Henry Ford이다.

포드는 또한 '여울ford을 건너다'라는 뜻의 동사가 되었다. 다음 문장은 문법적으로 정확한 문장이다. Ford's Ford fords fords. 이것이 무슨 뜻인지는 여러분 스스로가 알아내 보기 바란다.

———

케네디
Kennedy

못생긴 머리를 한
사람들

● 케네디는 아일랜드 켈트족의 기원을 가진 성씨로서, 아일랜드의 아름다운 의미를 가지고 있다고 추측할 수도 있다. 하지만 사실은 그렇지 않다. 대부분의 성씨들은 원래 소유자들

이 가지고 있던 특징들에서 따온 것이 많다.

　신체적 특징에서 온 '쇼트Short'나 성격적 특징인 '와이즈Wise'가 그러한 예이다. 케네디Kennedy는 신체적 특징에서 비롯된 성씨이고, 그다지 좋은 의미도 아니다.

　케네디는 아일랜드어 성씨가 영어 형태로 변형된 것으로, 못생긴 용모와 머리를 뜻하는 게일어 ceann과 éidigh에서 왔다고 믿어진다. 그래서 이 이름의 원래 소유자는 준수한 용모를 가지고 있지 않았을 것이다. 이는 좋은 의미의 이름과는 거리가 멀다!

　하지만 모든 희망이 사라진 것은 아니다. 일각에서는 그것이 못생긴 머리를 의미하는 것이 아니라 '사나운 머리fierce head'를 의미한다고 주장한다. 따라서 어쩌면 원래의 케네디는 다른 부족들을 모두 겁먹게 만드는 무서운 얼굴을 하고 있었을지도 모른다.

　케네디가 헬멧 머리 또는 심지어 헬멧을 쓴 족장을 의미한다고 말하는 주장도 있다. 하지만 내가 개인적으로 가장 좋아하는 설명은 못생긴 머리이다.

호로비츠
Horowitz

호쇼비체 마을이
낳은 아이들

● 많은 성씨들이 유대계인데, 호로비츠가 그 대표적인 예이다. 이러한 유대인 성씨들 중 다수는 슬라브족의 기원에서 유래했다. 유대인들은 역사를 통해 일어난 많은 유대인 디아스포라(팔레스타인을 떠나 세계 각지에 흩어져 살면서 유대교의 규범과 생활 관습을 유지하는 유대인)를 통해 전 세계를 가로질러 흩어졌다.

호로비츠라는 성씨는 영국이나 미국과 같은 나라들에서 만들어졌지만, 그 뿌리는 오늘날 현대 슬라브 국가인 체코의 일부인 보헤미아의 역사적 지역에 두고 있다. 호로비츠는 체코의 호쇼비체Hořovice라는 도시를 가리키는 또 다른 성씨이다.

이 마을은 보헤미아 왕국 전체에서 가장 큰 유대인 마을 중 하나였다. 과거에 존재했을 때는 말이다. 이것이 이 마을이 왜 인기 있는 유대인 성씨의 기초가 되었는지를 설명해 준다.

이 이름의 끝에 있는 -witz 부분은 셀 수 없이 많은 슬라브어와 유대인의 성에서 발견된다. 이것은 단순히 '~의 아들/~의 아이'라는 의미이다. 따라서 마을 이름에 붙이는 것은 좀 어울리지 않아 보인다. 내가 아는 한 어떤 마을도 생물학적으로 아이를 낳지는 않는다.

이 성씨를 사용하는 사람들은 생물학적인 의미보다는 은유적인 의미에서 '호쇼비체의 자식들'이라고 했을 것이다. 아마도 이 성씨가 생겨날 당시에는 성씨를 -witz로 끝내는 것이 워낙 일반적인 관례였기 때문에 그들은 첫 부분이 무엇을 의미하든 상관없이 모든 성씨에 -witz를 붙였을 것이다.

게레로
Guerrero

전쟁 군인이나
전사들

● 앞서 스미스 성씨를 설명하면서 직업에 기반을 둔 성씨를 언급했다. 게레로는 스페인에서 유래한 성씨 중 하나이다. 하지만 이와 관련된 직업은 농부나 제빵사처럼 평범하지 않다.

스페인어로 전쟁을 뜻하는 단어는 '게라guerra'이고, 전쟁이 이 성씨의 유래이다. 이 성씨가 여러 가지 다양한 의미를 지니고 있다는 글을 읽은 적이 있는데, 모두 어떤 면에서는 전투와 관련이 있었다. 어떤 자료들은 그것이 '싸움꾼'을 의미한다고 말한다. '군인' 또는 심지어 '전사'를 의미한다는 주장도 있다.

게레로는 스페인에 기원을 둔 이름이지만, 스페인이 남아메리카를 통치했기 때문에 대서양을 가로질러 퍼져나갔다. 이 덕분에 게레로라는 성씨는 멕시코에서 모국 스페인보다 훨씬 더 많은 인기를 얻었다. 아마도 멕시코에서 많은 전쟁이 있었기 때문이었을 것이다.

가장 두드러진 것은 독립을 위한 멕시코인들 자신의 전쟁이었다. 이 혁명을 이끈 장군 중 한 명이자 이 나라의 두 번째 대통령이 바로 이 성씨를 지닌 빈센트 게레로Vicente Guerrero였다. 의심할 여지없이 전쟁과 밀접한 관련이 있는 사람에게 잘 어울리는 성씨이다.

니커보커
Knickerbocker

대리석을
굽는 사람들

● 니커보커는 의심할 여지없이 가장 재미있는 성씨 중 하나이면서, 또 굉장히 독특한 성씨이기도 하다. 네덜란드어 어근을 둔 이름이지만 네덜란드에서 만들어졌다고는 생각되지 않는다.

대신에 뉴암스테르담의 네덜란드 정착민들에 의해 만들어진 성으로 여겨진다. 물론, 뉴암스테르담은 훗날 뉴욕시로 이름을 바꾸게 된다. 니커보커라는 성씨가 아직도 문화적인 반향을 불러일으키는 곳이 바로 이 잠이 없는 불야성의 도시이다.

니커보커는 그 자체가 뉴욕 시민들을 지칭하는 용어가 되었다. 맨해튼 출신의 사람들, 네덜란드 정착민들, 심지어 그곳 사회 상류층에서도 사용되었다고 읽었던 기억이 있다.

어느 쪽이든 간에 뉴욕 출신 사람들은 요즘 자신들을 니커보커라고 많이 지칭하지는 않는다. 이 이름은 이보다는 작가 워싱턴 어빙이 네덜란드식 가명 에리히 니커보커라는 이름으로 쓴 책『뉴욕의 역사A History of New York』덕분에 뉴욕과 매우 밀접하게 연결되었다.

많은 사람이 전통적인 네덜란드 바지의 그림을 보게 된 것도 이 책 덕분이었고, 이 바지에도 니커보커라는 명칭이 붙여졌다. 이는 니커즈knickers로 짧아졌고, 오늘날에도 주로 영국에서 전통적으로 여성들이 입는 속옷의 명칭으로 사용되고 있다.

물론, '니커보커 글로리'도 있다. 이는 빅애플Big Apple(뉴욕시)에 뿌리를 둔 것으로 추정되는 사랑받는 선데sundae 아이스크림이다.

니커보커는 오늘날 성씨로 보이는 경우가 거의 없지만 널리 퍼진 단어이다. 이것은 무엇을 의미할까? 미국에서 만들어진 네덜란드어로 여겨지는데, 성씨의 첫 부분은 '대리석'을 의미하는 네덜란드어 니커knikker와 '제빵사'를 의미하는 네덜란드어 베커bakker에서 유래된 것으로 생각된다.

따라서 이 이름은 '대리석 굽는 사람'을 의미한다. 대리석을 굽는다는 것이 이상하게 들릴 수 있지만, 이는 석재 대리석과는 반대인 유리구 대리석과 관련이 있다. 장난감 유리구슬을 불에 구우면 그것들은 금이 가면서 아름다운 무늬가 생긴다.

왕
Wang

왕을 기억하고 싶은 사람들

● 중국에서만 1억 명을 기록 중인 왕씨는 중국 본토에서 가장 인기 있는 성씨일 뿐만 아니라 전 세계적으로도 가장 많은 성씨 중 하나이다. 영어로는 성씨를 라스트 네임last name(마지막 이름)이라고 부르지만, 중국식 어순으로는 그렇지 않다.

전통적으로 한자 이름에서는 성씨가 먼저 나온다. 예를 들어, 고대 중국의 황제 왕망에게는 '망'이라는 이름이 주어졌을 것이고, '왕'이라는 성씨가 전해졌을 것이다. 그의 자녀들의 이름이 왕유, 왕후, 왕안이라고 불린 것을 보면 이는 확실하다.

왕망의 왕씨 성이 그가 바로 '왕king'이었다는 것을 의미하기 때문이다. 그렇다. 왕이라는 이름은 중국어로 '왕'을 의미한다. 사람들은 그들의 통치자를 기리기 위해 이 이름을 택했을 것으

로 추측한다. 왜냐하면 이 이름을 가진 모든 중국인이 왕의 후
손이라고 생각하지는 않기 때문이다.

처음에는 이상하게 보일지 모르지만, 왕 자체가 영어권에서
도 인기 있는 성씨라는 것을 기억해야 한다. 불현듯 공포소설
작가 스티븐 E. 킹Stephen E. King이 떠오른다.

—

칸
Khan

**공동체의
통치자나 추장**

● 칸은 역사가 깊은 남아시아의 성씨이다. 성씨가 되기 전에
는 단순히 다양한 아시아 언어로 '통치자' 또는 '추장'을 의미하
는 호칭이었다. 원래 4세기에는 카간Khagan이었으나, 칸Khan이
라는 이름으로 줄었다.

무엇보다도 칸은 그저 작은 공동체의 통치자이거나 추장이
었을 것이다. 한 칸Khan의 권세가 멀리까지 퍼지고, 그가 권력
을 펼치면서 그의 이름도 퍼졌다. 그 이름은 바로 테무진Temüjin
이다.

아마 모두 예상했던 이름이 아니었을 것이다. 왜냐하면 테무
진은 칭기즈칸이 원래 태어날 때 부여받은 이름이기 때문이다.

그의 강력한 몽골 제국이 점점 더 커지고 더 많은 땅을 차지하게 되면서 그는 빠르게 자신을 위한 새로운 이름을 채택했다.

테무진은 스스로 칸이라는 칭호를 떠맡았다. 그것은 그가 잘 알고 있는 단어였을 것이고, 결국 통치자가 되었다. 그는 작은 마을이나 공동체의 지배자를 능가하는 지배자였다. 그의 직함은 더 웅장해야 했다. 그것이 그가 칸 앞에 '칭기즈'를 추가한 이유인데, 칭기즈는 '세계'나 '바다'를 의미한다고 믿어진다.

그가 다스린 땅은 너무 넓어서 한쪽 바다에서 다른 쪽 바다로 이어질 정도였고, 그들의 시대에는 그가 알려진 세계를 모두 정복한 것처럼 보였을 것이기 때문이다. 칭기즈칸은 단지 선택된 칭호일 뿐이지만, 많은 사람이 칭기즈칸을 그의 이름이라고 생각할 정도로 널리 알려지게 되었다.

이는 일반적으로 사람의 이름이 만들어지는 관례에 충실하다. 칭기즈Genghis가 이름이 되고, 칸Khan이 어떻게 성씨가 되었는지 쉽게 알 수 있다. 칸이 어쨌든 성씨가 되었을 가능성이 크지만, 칭기즈의 유라시아 지배는 칸의 운명을 확고히 하는 데 도움을 주었다.

사실 오늘날 살아 있는 200명 중 1명이 칭기즈칸의 후손이라는 일부 연구가 시사하는 것처럼 칸은 선택된 소수에게 주어지는 직함이 아니라 상속받은 이름인 성씨가 되었다는 것을 의미한다.

크리스토둘로풀로스
Christodoulopoulos

예수를 숭배했던
사람들의 후손들

● 그리스식 성씨는 발음이 멋지다. 크리스토둘로풀로스도 예외가 아니다. 이 성씨는 원어민이 아닌 사람들에게 처음에는 굉장히 낯설게 보일지 모르지만, 일단 이를 분해하면 훨씬 더 이해하기 쉽다. 먼저 이 성씨의 뒷부분부터 시작해 보자.

오풀로스Opoulos는 그리스 성씨에서 흔하게 볼 수 있는 요소인데, 이는 '후예'를 의미한다. 이 성씨의 앞부분을 보면 전체적으로 '크리스토퍼의 후손descendant of Christopher'을 의미한다고 믿게 될 수도 있다. 어떤 사람들에게는 그럴 수도 있지만, 여러분은 그리스가 기독교 국가라는 것을 기억해야 한다.

논쟁이 되고 있는 주제이기는 하지만, 예수는 어떤 아이도 낳지 않았다고 생각된다. 따라서 이러한 성씨를 가진다고 해서 예수 그리스도가 여러분의 증조부라는 것을 직접적으로 의미하는 것은 아니다.

대신 이는 여러분이 예수를 숭배했던 어떤 사람의 후손이라는 것을 의미한다. 어쩌면 신부님 같은 사람들 말이다. 그래서 이 성씨는 일종의 투인원two-in-one(이중적 의미)이다. 그것은 가족

기반의 성씨임은 물론 직업 기반의 성씨일 수도 있는 것이다.

-슨
-son

바이킹의
아이들

● 영어권에서는 세 글자인 '슨son'으로 끝나는 성씨를 흔히 볼 수 있다. 이는 꽤 이해하기 쉽다. 바로 '바이킹의 아들'이라는 의미를 지닌 바이킹의 어원을 가지고 있다. 오늘날까지 아이슬란드에서는 소년들 대부분이 성씨에 '슨son'을 붙인다. 딸들은 '도티르dottir'를 부여받았지만 영어를 사용하는 나라들에서는 남성과 여성 모두 '슨son'으로 불린다.

이 슨son으로 끝나는 성씨의 앞부분은 보통 그가 누구의 아들이라는 것을 암시한다. 이는 존슨Johnson과 피터슨Peterson이라는 성씨와 같은 이름에서 매우 쉽게 찾을 수 있다. 우리는 이 성씨에서 '존'과 '피터'라는 이름을 똑똑히 볼 수 있다.

다른 이름들은 슨son 접미사와 잘 어울리지 않기 때문에 문법이나 다른 이유로 인해서 일부 글자를 추가하거나 변형하기도 한다. 패트릭슨Patrickson은 소리가 별로 좋지 않아서 패터슨Patterson으로 각색되었다. 앤드류슨Andrewson이 앤더슨Anderson

이 되었고, 제프리슨Jefferyson이 제퍼슨Jefferson이 되는 것도 마찬가지이다.

하지만 이러한 슨son이 붙는 성씨 중 일부는 오늘날 우리가 가진 이름들과는 전혀 다르게 들린다. 허드슨Hudson을 예로 들어보자. 허드Hud는 처음 접한 이름이 아니다. 허드슨에서 허드Hud는 중세의 이름 후데Hudde에서 유래한 것으로 여겨진다. 허드는 오늘날 비슷한 발음인 이름 '휴지Huge'나 오늘날과 비슷한 발음이 아닌 이름 '리처드Richard'의 애칭으로 여겨진다.

그리고 도슨Dawson도 있다. 이는 데이비드David라는 이름과 관련이 있다. 데이비슨Davidson은 그 자체로는 유명한 성씨이다. 하지만 어떻게 해서 도슨과 데이비슨이 구별되게 되었는지는 잘 모르겠다. 아마도 데이비드라고 불리는 사람들이 너무 많아서 그들의 조상들을 구분하기 위해 이 두 개의 다른 성씨가 만들어졌을 것이다.

슨son이 붙은 성씨 중 일부는 이름과 전혀 관련이 없다. 예를 들어, 브론슨Bronson이 있는데, 이는 단순히 갈색 머리를 가진 누군가의 자식을 의미한다. 내 생각에 브론슨들은 부모님의 이름을 사용할 만큼 그 이름을 좋아하지는 않았지만, 그들의 머리 색깔은 즐겼을 것이다. 오늘날 아이들을 위해 새롭고 독특한 이름을 만들고자 하는 사람들이 많아짐에 따라 우리와 미래에 함께 할 새로운 슨son이 들어갈 이름들이 만들어질 것이다.

The Origin of Names,
Words and Everything in Between
- Volume II

3
직업
Occupations

"

모든 직업은 중요하다.
급여를 얼마나 받든 혹은 어떤 일을 하든 상관없다.
과거처럼 우리가 모두 수렵 채취인이 될 필요는 없다.
모두는 각자의 방식으로 지역사회에 이익을 줄 수 있고,
그에 대한 보답으로 재정적인 보상을 받을 수 있다.
직업이라는 협약은 이렇게 탄생했다.
이보다 더 복잡할 수도 있지만, 이런 과정이다.

세월과 함께 많은 종류의 직업이 명멸했고,
미래에는 새로운 종류의 직업이 생겨날 것이다.
우리의 세계는 영원히 변화하고 있고,
우리는 그러한 변화를 점령할 사람들이 필요하다.

앞서 말했듯이, 모든 직업은 중요하다.
여기서는 가능한 한 모든 분야에 걸쳐 직업을
다룰 것이다.

"

농부
Farmer

**임대하여
경작하는 사람**

● 농부라는 직업은 가장 전통적이고 보편적이다. 따라서 많은
직업을 다루기 전에 이를 먼저 언급하려고 한다. '농부'라는 명칭
은 직업의 명칭이 만들어지는 가장 반복적인 방식을 담고 있다.

다시 말하면, 우리에게 매우 친근한 '-er' 접미사가 붙는다는
것이다. '-er' 접미사는 동사를 명사로 바꿀 때 사용하는 것이
다. 동사는 물론 우리가 행동을 표현할 때 사용하는 단어이다.
대부분의 직업 명칭은 하나의 주요한 행동을 중심으로 만들어
진다.

농부들의 예를 들어보자면, 그들의 일을 가장 잘 요약하는 동사는 '경작하다farm'이다. 그래서 끝에 -er를 더하면 '경작하는 사람'이라는 뜻의 '농부'라는 단어가 나온다. 많은 직업 명칭이 바로 이러한 방식으로 만들어진다.

생계를 위해 자동차를 운전하는drive 사람이 있는가? 그러한 사람은 운전기사driver이다. 청소하는clean 것으로 생활하는가? 그러한 사람은 환경미화원cleaner이다. 배관 공사 활동plumb을 통해 삶을 영위하는가? 그런 사람은 배관공plumber이다. 이러한 사례는 수없이 많다.

이러한 관습은 항상 사용되어 왔고, 사람들은 이러한 방식에 창의력을 발휘해 왔다. 최근 몇 년 동안 인기 있는 직업은 생계를 위해 유튜브용 영상물을 만드는 것이다. 유튜브는 이미 명사가 되어 있지만, 여기서 그치지 않고 사람들은 마지막에 -er를 추가해 유튜버YouTuber라는 명칭을 만들었다.

농부는 분명히 유튜버보다 훨씬 이전에 존재했다. 여기서는 농부를 제목으로 설정해서 그 명칭을 설명하고 있지만, '농부'와 '경작하다'라는 단어 역시 꽤 흥미로운 기원을 가지고 있다.

현재는 농부라는 직업이 소젖을 짜고, 농작물을 기르고, 트랙터를 운전하는 사람들과 연관되지만, 이것이 언제나 그랬던 것은 아니었다. 농부는 물론 '경작하다'는 동사에서 유래되었지만, 이 동사는 처음에 '임대하다'라는 의미를 어근으로 지닌 앵글로 프랑스어 단어인 '페르미fermer'에서 비롯되었다.

세월이 흐르면서 이 앵글로 프랑스어는 '경작하다farm'가 되었지만, 여전히 '임대하다'라는 의미도 지녔다. 이는 농부가 '임대료를 받는 사람'이라는 것을 의미한다. 빚을 거둬들이는 사람은 당근을 재배하는 사람과 다르다. 그런데 오늘날의 농민들에게 어떻게 이러한 명칭이 적용된 것일까?

16세기에 사람들은 농작물을 재배하는 토지를 종종 임대 방식으로 확보했다. 그래서 '임대하다'는 의미를 지닌 이 동사가 그 땅에 명칭으로 적용되었고, 이 명사 형태는 다시 그 임대받은 땅을 일구던 사람들의 명칭이 되었다.

이와 같은 농사는 16세기 이전부터 존재했고, 이 시기에는 농부들을 지칭하는 명칭이 달랐다. 그중 하나는 '소작농peasantry'을 의미하는 고대 영어 단어인 '컬churl'이었다. 그런데 농부들을 가리키는 또 다른 옛 이름은 '허즈번드맨husbandman'이었다.

남편을 의미하는 '허즈번드husband'는 '어떤 것을 돌본다'는 뜻의 오래된 어근에서 비롯되었다. 이제는 농부들을 '허즈번드맨'이라고 부르지 않지만, 식물이나 동물을 돌보는 일을 말할 때는 여전히 '허즈번드리husbandry'라는 용어를 사용하고 있다. 물론 결혼한 남자를 의미하는 남편은 전통적으로 '허즈번드'라고 불린다. 결혼 상대인 파트너를 돌보아야 하기 때문이다.

변호사
Attorney

법적으로 도울 사람으로
임명된 사람

● 변호사를 의미하는 영어 단어 '로이어lawyer'가 직업을 더 이해하기 쉬운 명칭이다. 이는 앞서 언급한 직업 명칭에 '-er'이 붙는 것과 비슷한 방식으로 만들어졌다. 하지만 '어러니attorney'의 경우는 약간 다르다.

두 명칭은 혼용되어 사용되고 있지만 둘 사이에는 약간의 차이가 있다. '로이어'는 직업적으로 법률 자문을 하는 사람이라면 누구에게나 호칭으로 쓸 수 있지만, '어러니'는 '로이어' 중에서도 법정에서 사람들을 대변하는 사람을 말한다.

또한, '로이어'는 주로 미국에서 사용되는 용어인 것 같다. 영국에서는 '솔리시터solicitor'라는 명칭을 주로 사용한다. 솔리시터 역시 '간청하다solicit'라는 동사를 명사로 바꾼 것에서 비롯되었다. 다만, 이번에는 '-er' 대신 '-or'을 붙였다.

어러니는 주로 미국에서 사용하는 명칭이지만, 프랑스어 어근에서 유래했다. 고대 프랑스어의 동사인 아토네르atorner는 영어로 '임명하다assign'는 의미이고, 이 동사에서 고대의 프랑스어 직업 명칭인 아토르네atorné가 나왔다. 이것이 결국 어러니로 바뀌었다.

따라서 어러니는 '임명된 사람'을 의미하는 것으로 볼 수 있는데, 변호사가 바로 법적 상황을 도울 목적으로 임명된 사람이다. 물론 어러니 안에는 다양한 사람들이 있다. 검사prosecutor, 피고 측 변호사defense attorney, 가족 변호사family lawyer, 법정 변호사barrister 등 다양하다. 모든 종류의 변호사들이 지닌 차이는 법만큼이나 혼란스러울 수 있다.

작가
Author

성장을
일으키는 사람

● 나는 작가라고 불리는 직업을 갖게 된 것이 아주 기쁘다. 어쨌든 내가 쓴 책들이 계속해서 판매되기만 한다면 말이다. 작가라는 직업을 '책을 쓰는 사람'으로 연관해서 사용하지만, 이 단어는 과거에 훨씬 더 폭넓게 사용되었다.

14세기에 작가라는 단어는 '행위자acteor'였고, 이는 뭔가를 '만들거나 창조하는' 사람을 의미했다. 그것이 구체적으로 책에만 국한된 것은 아니었다. 뭔가를 창조할 수 있다면 그 사람은 작가로 여겨질 수 있었다. 이것은 오늘날에도 적용될 수 있다. 이 '행위자'라는 용어는 '창조자creator' 또는 심지어 '아버지father'라는 더 넓은 의미를 지니고 있었다.

이 용어들은 라틴어 단어 아욱토르auctor까지 거슬러 올라간다는 것을 의미한다. 따라서 '프로모터promoter', '프로듀서producer', '아버지father', '시조progenitor', '설립자founder', '신뢰할 수 있는 작가trustworthy writer', '행동가doer', 또는 '책임 있는 사람responsible person' 등을 의미할 수 있다.

이 단어는 문자 그대로 '성장을 일으키는 사람'을 의미하기도 했다. 작가는 이처럼 많은 의미를 가진 단어인 것은 분명하다. 또한, 이 모든 의미들은 창조자가 되고 완전한 통제력으로 사물을 더 크게 만드는 것과 관련이 있다. 왜냐하면 어근이 '증가'를 의미하는 'aug-'로 이루어졌고, 이 어근은 다른 많은 언어들에서도 찾을 수 있기 때문이다.

아마도 가장 두드러지는 설명은 영어 발음으로 '권위authority'가 '작가author'와 비슷하게 들린다는 것이다. 하지만 그 의미는 라틴어와 고대 프랑스어 단어들에 대한 다른 정의와 관련이 있을 것이다. 대부분의 작가는 자신이 쓰고 있는 것의 권위자라고 주장하기를 좋아하지만, 항상 그런 것은 아니다. 요즘은 누구나 책을 쓸 수 있게 된 시대이니까 말이다!

의사
Doctor

종교적으로 보여주거나
가르치는 사람

● 과거에는 종교계 인사들이 많은 의료 관련 작업을 수행했다. 수도승이 수술을 하거나 심지어 팔다리를 절단하는 것에 대한 온갖 이야기들이 많았다. 오늘날에는 전 세계 대부분 지역에서 교회와 병원을 명확히 구분하고 있지만, 의사라는 단어는 이러한 종교적 기원에 뿌리를 두고 있다.

중세 라틴어 '독토르doctor'는 '종교적 스승'을 의미하며, '보여준다/가르친다/알다'라는 뜻의 '도체레docere'에서 비롯되었다. 시간이 흐르면서 의사들은 종교 교사를 위해 이용되던 것에서 일반적으로 높은 수준의 교사로 바뀌었다.

어떤 것이든 충분히 오랫동안 공식적인 자격으로 공부하면 '닥터'라는 칭호를 얻을 수 있다. 하지만 이 직업은 의학계와 가장 밀접하게 연관되어 있다. 인간의 생명을 구할 수 있도록 허락받는 의사가 되려면 공식적인 능력을 갖춰야 하기 때문이다.

오늘날 의사는 종교적 어근이 제거된 상태이지만, 독트린 doctrine(교리) 같은 단어에서는 여전히 종교적 의미의 어근이 발견되고 있다. 독트린은 종교적 믿음이 뒤따르는 용어이다.

독트린은 '닥터'에서 유래했다. 둘 다 가르침과 관련이 있다. 의사와 교리는 둘 다 사람들에게 무언가를 가르친다. 사람들을 가르치는 것과는 반대로 믿음을 강요한다는 의미인 인독트리네이트indoctrinate(세뇌하다)라는 용어도 물론 여기에서 파생되었다.

벌목꾼
Lumberjack

**느릿느릿
움직이는 남자**

● 어떤 사람들은 벌채 노동자가 우리 지구에서 가장 남성적인 직업 중 하나라고 생각한다. 하지만 이는 고정관념이다. 사실은 성별과 상관없이 누구나 벌채 노동자가 될 수 있다. 사람들이 이 직업을 남자답다고 생각하는 주된 이유는 이 단어가 '잭Jack'이라는 이름을 사용하기 때문인 것 같다.

물론 벌채 노동자는 '재목lumber'과 '잭Jack'의 합성어이다. 왜 그들은 럼버데이브lumberdave나 럼버그레이험lumbergraham이라고 알려져 있지 않을까? 이는 과거에 잭이 일반적으로 남자들을 위한 다목적용 용어였기 때문이다. 어떤 남자라도 잭이라고 불릴 수 있었다. '만물박사jack of all trades'와 같은 표현도 이런 이유로 등장한 것이다.

재목은 제단용 나무에 사용하는 명칭이다. 이 일이 나무를 자르는 것을 중심으로 전개되는 것을 고려하면 왜 재목이 이 직업에서 사용되었는지 이해가 된다. 하지만 가장 궁금한 것은 어떻게 이러한 명칭을 얻게 되었는가 하는 것이다.

잘게 썰렸다는 명칭을 얻기 전에 럼버lumber는 '느릿느릿 움직이다'라는 의미의 동사였다. 이 거대한 널빤지들의 움직임이 느릿느릿했기 때문에 동사 '럼버lumber'가 적용된 것으로 생각된다.

재목은 '느릿느릿 움직이다'라는 의미의 단어이고, '잭'은 일반적으로 남성을 뜻하는 단어이다. 그러므로 이 직업의 명칭은 '느릿느릿 움직이는 남자'를 의미하는 것으로 볼 수 있다. 이제 벌목꾼은 더 이상 그렇게 남자다워 보이지는 않는다.

앞서 언급했듯이, 지금은 남자들만이 생계를 위해 나무를 자르는 일을 하는 시대는 아니다. 그렇다면 여성에게도 럼버잭 lumberjack이라는 용어를 사용해야 할까? 이는 논쟁이 필요한 주제이다.

여성들도 럼버잭lumberjack이라고 불릴 수 있다는 글을 읽은 적이 있지만, 럼버질lumberjill이라는 용어도 제시되어 있다. 이것은 〈잭과 질Jack and Jill〉이라는 동요에서 유래된 것으로 보인다. 또한 로거logger나 포리스터forester와 같은 훨씬 성 중립적인 용어들도 있다. 어쩌면 럼버잭lumberjack이라는 명칭은 언젠가는 나무처럼 잘려 나가게 될지도 모른다.

컨시어지
Concierge

**함께 일하는
동료 노예**

● 컨시어지는 의심할 여지없이 멋진 직업이다. 저녁 식사, 극장, 그리고 소풍 예약 같은 것들로 손님들을 돕는 호텔 직원에게 적절한 직함이다. 컨시어지에게 말을 걸면 틀림없이 즐거운 시간을 보낼 수 있을 것이다.

이 직업이 영어 사용자에게 이처럼 멋지게 들리는 이유는 이 단어가 프랑스어이기 때문이다. 프랑스어는 늘 보통 영어 단어보다 더 멋지게 들린다. 컨시어지 대신 호텔 리셉셔니스트hotel receptionist라고 불린다면 이렇게 멋지게 들리지는 않을 것이다.

지금은 컨시어지가 상류사회에서 사용되는 단어처럼 보일 수도 있지만, 그 기원은 결코 그렇게 고상하지 않았다. 우리 중 많은 사람들이 일하는 동안에 최악의 시기인 노예 같은 기분을 느낄 때가 있을 것이라고 확신한다. 그리고 컨시어지는 말 그대로 '노예'라는 의미를 지닌 명칭이다!

앞부분의 '컨con'은 '커넥트connect(연결하다)'에서와 같이 '함께'라는 뜻이다. 하지만 뒷부분은 '노예'를 의미하는 라틴어 '세르비우스servius'에서 온 것으로 생각된다. 그래서 컨시어지라는 직함은 '동료 노예' 또는 '함께하는 노예'를 의미한다고 생각된다.

확실히 이는 사기를 북돋아 주는 용어는 아니다! 하지만 여전히 이 이름은 꽤 고급스러운 느낌이다. 옛날에는 상류층 사람들이 노예를 가졌다. 그리고 지금 우리에게는 컨시어지가 있다.

조명기사 조수
Best Boy

**2인자 지휘관,
최적임자**

● 만약 여러분이 영어권 영화의 크레딧credits을 유심히 본다면 아마도 베스트 보이best boy라는 명칭이 스크린에 뜨는 것을 본 적이 있을 것이다. 그리고 매번 볼 때마다 '베스트 보이는 영화 촬영장에서 도대체 무슨 일을 할까?'라고 궁금했을 것이다.

베스트 보이가 하는 일을 이해하려면, 우리는 개퍼gaffer(전기 조명 주임)와 키그립key grip이 하는 일을 이해할 필요가 있다. 개퍼gaffer는 영화의 전기 부서장의 직함이며, 키그립은 영화 그립

부서장의 직함이다(그립은 무대 뒤 장치를 의미한다). 개퍼와 키그립 모두를 가리켜 2인자 지휘관(조명기사 조수)인 '베스트 보이'라고 부른다.

그런데 2인자가 어떻게 최고 지휘자가 될 수 있는가? 물론 여러분은 자신의 가장 친한 친구라면 우두머리가 되기를 바랄 것이다. 그렇지 않은가? 사연은 이렇다. 과거에 개퍼와 키그립은 뭔가에 사람이 필요했을 때 "그 일에 베스트 보이best boy(최적임자)를 데려오라"고 말을 했다고 한다.

여기서 '베스트 보이best boy'는 그대로 호칭이 되었다. 이 대목에서 무언가 궁금해진다. 그렇다. 그 최적임자는 남성일 수도 있고 여성일 수도 있다. '여성 최적임자best girl(베스트 걸)'라는 용어가 별도로 사용될 수 있다는 이야기를 들은 적이 있다. 그뿐만 아니라 '베스트 퍼슨best person'이라는 성 중립적인 호칭이 사용될 수도 있다고 들었다.

생선 장수
Fishmonger

**물고기
거래인**

● 물고기는 그 기원이 그다지 흥미롭지 않은 단어 중 하나이

다. 왜냐하면 물고기는 존재하지 않은 적이 없기 때문이다. 이 용어의 유래는 궁극적으로 인도 게르만 공통 조어인 피스크pisk로 거슬러 올라간다. 이탈리아어의 뻬셰pesce나 스페인어인 뻬스pez와 같은 다른 언어들도 이와 비슷하다.

P와 F가 여러 언어를 거쳐 서로 바뀌는 것은 그리 드문 일이 아니다. 영어의 '아버지father'와 라틴어 '아버지pater'를 생각해 보면 알 수 있다. 어쨌든 이는 주제에서 벗어난 이야기이다. 여러분이 알아야 할 것은 '물고기fish'는 명확한 기원을 지니지 않은 오래된 단어라는 것이다. 그러면 왜 여기서 다루려고 하는가? 그것은 이 명칭의 뒷부분 '몽거monger' 때문이다.

생선 장수는 생선을 준비하고 파는 사람이다. 정육점 주인과 같지만 수중 생물을 취급한다는 점이 다르다. 이 용어에서 몽거monger 부분은 라틴어 단어인 '망고mango/몽고mongo'에 뿌리를 두고 있는데, 이는 '거래자/무역업자'를 의미한다. 과일fruit이나 저명한 발행자illustrious publisher들과는 무관하다. 그래서 생선 장수는 간단히 '물고기 거래인fish dealer'을 의미한다.

이 단어가 거래인을 의미한다면 왜 더 많은 직업명에 등장하지 않는 것일까? 정육점 주인들을 '고기 장수meatmonger'라고 부르거나, 식료품점 주인들을 '당근 장수carrotmonger'라고 부르는 것이 어떨까? 과거에도 그랬겠지만, 세월이 흐르면서 다른 명칭들이 몽거monger를 압도했다.

하지만 몽거monger는 몇몇 이름으로 그 명맥을 유지하고 있다. 철과 다른 금속 제품을 거래하는 사람인 철물상ironmonger, 또는 심지어 잔인한 전쟁 기술을 다루는 사람인 전쟁광warmonger이 그 예이다. 이러한 용어들이 몽거monger가 사용되는 경우이지만, 가장 인기 있는 것은 역시 생선 장수이다.

투우사
Matador

**살생하는 사람,
살인자**

● 처음에는 투우사가 직업으로 간주되는지 잘 몰랐지만, 검색을 통해 최고의 투우사들은 그들의 실력에 대해 꽤 많은 돈을 받고 있고, 인기가수처럼 대우받는다는 사실을 알게 되었다. 그래서 이것이 사실 어떤 사람들에게는 정규직이라고 생각된다. 이 역시 논란이 되는 일이기는 하지만 말이다.

모르는 사람들에게 '투우사'는 '소싸움꾼'을 뜻하는 스페인어 명칭이다. 투우는 황소를 다루고 궁극적으로 죽이는 방식 때문에 논란이 따르는 공연이다. 살생을 저지르는 이 사람들의 명칭은 이러한 사실을 속이거나 감추려고 하지 않는다. 투우사를 뜻하는 마타도어matador는 스페인어로 '살인자'를 의미한다. '죽이다matar'를 뜻하는 동사의 명사형인 것이다.

투우가 가까운 미래에도 계속해서 철저한 조사를 받을 것이라는 점은 분명하다. 공연자의 명칭이 '살생하는 자'를 의미한다는 사실은 아마도 이 투우 경기 전통에 찬성하는 사람들에게도 도움이 되지 않을 것이다.

—

정신과 의사, 심리학자
Shrink

머리를 축소하는
사람

● 심리학자psychologist들과 정신과 의사psychiatrist들은 수년 동안 엄청나게 많은 별명을 모은 것 같다. 의심할 여지없이 이 모든 것 중에서도 가장 인기 있는 것은 '축소하다shrink'라는 용어이다. 어떻게 이 '축소하다'는 의미의 동사가 뇌와 그 기능을 연구하는 사람들을 가리키는 재미있는 용어가 될 수 있었을까?

이 직업의 별칭은 아마존 열대우림의 원주민 부족에서 유래했다. 이 부족들은 적들의 머리를 보존하고 축소하는 것으로 알려져 있다. 부족민들은 '머리를 축소하는 자'로 알려져 있었고, 머리를 축소하는 이 행위는 주술사들이 완전히 익혀야 하는 신비롭고 마법적인 과정으로 간주되었다.

처음에 심리치료사들에게 적용되었던 것은 바로 이 '머리 축소자'라는 용어였다. 이는 아마존 사람들이 머리를 가지고 행했던 이상한 것들에 대한 암시이다. 심리치료사들이 뇌와 머리를 가지고 한 일이 부족들이 했던 것과 비슷했다고 생각된다. 최소한 그 이름으로 놀림을 당할 만큼 충분히 비슷했다.

이 용어는 1960년대에 생겨난 것으로 여겨진다. 일각에서는 작가 토마스 핀천Thomas Pynchon이 1966년에 이 용어를 창안했다고 주장하기도 한다. 그 이후로 이 용어는 원래 심리치료사들을 조롱하고, 열대우림의 주술사나 이러한 역할을 맡은 사람들을 조롱하기 위한 것으로 채택되었다.

The Origin of Names,
Words and Everything in Between
Volume II

4

밴드
Bands

66

실제 음악적 능력에 상관없이
밴드에 들어가고 싶지 않은 사람은 없을 것이다.
그 꿈을 현실로 만들고
록스타, 팝스타, 힙합 스타의 삶을 사는 사람들이 있다!

음악 밴드는 모양과 규모가 다양하다.
밴드의 주요 특징은 바로 그들의 명칭이다.
밴드들은 자신의 이미지를 투영하는 명칭을 원한다.
메가데스, 메탈리카, 슬레이어 같은 명칭을 지닌 밴드들의
음악이 매끄러운 재즈가 아님은 확실하다.

하지만 여기서는 이들의 명칭을 다루지는 않을 것이다.
내가 선택한 밴드의 명칭은
다양한 장르와 다양한 수준의 성공을 거둔 그룹들이다.

99

비틀스
The Beatles

귀뚜라미를 기리는
딱정벌레

● 쇠똥이나 굴리고 다니는 곤충이 연상되는 명칭이 세계에서 가장 인기 있는 밴드와 동의어라는 것이 상상되는가? 바로 이 '딱정벌레beetle'가 '비틀즈Beatles'라는 밴드 명칭이다.

비틀스는 세계에서 가장 많이 이야기되고 연구되는 밴드 중 하나이지만, 그 명칭이 어떻게 생겨났는지는 아무도 정확히 알지 못한다. 이에 대해서는 다양한 추측들이 있다. 그들이 처음 음악 활동을 시작했을 때 존 레논John Lennon이 쿼리 뱅크 고등학교Quarry Bank High School에 다니고 있었기 때문에 밴드의 원래 명칭이 쿼리맨Quarrymen이었다는 것을 주목할 필요가 있다.

존 레논은 종종 인터뷰에서 '비틀스'라는 명칭에 관한 질문 공세에 시달렸다. 그래서 꿈에서 불타는 파이 속에서 등장한 남자가 "오늘부터 당신은 'A를 붙인 비틀즈Beatles'다"라고 말했다고 대답했다. 이 대답은 공식 출처가 있지만, 사람들 대부분은 존 레논이 건성으로 대답한 것이라고 느끼지 않을 수 없다.

더 현실적인 대답은 따로 있다. 이 비틀스의 전 드러머인 피트 베스트Pete Best에 따르면 '비틀스'라는 이름은 버디 홀리Buddy Holly의 백 밴드로 곤충인 귀뚜라미라는 의미를 지닌 '더 크리켓The Crickets'을 기리는 이름이라는 것이다. 잠깐 동안 밴드의 명칭은 '실버 비틀스Silver Beatles'였지만, 이후 실버silver 부분을 버리고 비틀스로만 사용했다.

그런데 철자가 왜 다를까? 그것이 정확히 누구의 아이디어였는지 우리는 모른다. 하지만 누구의 생각이었든 그들이 왜 그렇게 했는지는 안다. 그냥 말장난을 친 것이다. 비틀스는 음악을 만들었다. '리듬beat'을 다루는 사람들인 것이다. 그래서 이를 철자에 적용한 것이다. 이는 꽤 확실한 이야기이지만, 이를 모르는 사람들이 더 많다.

더 킬러스
The Killers

**살인자들이지만
사실은 도둑들**

● '미스터 브라이트사이드Mr. Brightside' 노래를 흥얼거리지 않고서는 그날 밤을 제대로 놀았다고 할 수 없다. 우리는 멋진 록 히트곡들이 많은 것에 감사해야 한다. 음악 산업에서는 이제 이 단어를 이 밴드와 연결하지만, 현실에서 킬러(살인자)는 아주 위험한 사람들이다!

도대체 어떻게 이토록 사랑받는 밴드가 이 같은 끔찍한 '살인자'라는 이름을 갖게 되었을까? 히트곡killer tracks이 많아서일까? 그렇지는 않다. 그들은 다른 밴드의 이름을 도용했다. 말하자면 그런 셈이라는 말이다.

지금은 주로 록 음악으로 이름이 알려져 있지만, 킬러스는 일렉트로닉/테크노 계열의 음악에도 일가견이 있는 그룹이다. 그들의 초기 곡들은 록보다는 일렉트로닉 뮤직에 더 가까웠다. 리드보컬인 브랜든 플라워스Brandon Flowers가 가장 큰 영감을 받은 것은 록/신디사이저 밴드인 뉴 오더New Order이다. 뉴 오더의 2001년 싱글 '크리스탈Crystal'은 뮤직비디오에 가상 밴드를 포함했다.

많은 밴드처럼 이 가상 밴드도 베이스 드럼이 고유의 명칭을 가지고 있었는데, 그 이름이 '킬러스The Killers'였다. 플라워스는 '뉴 오더'를 무척 좋아해서 자신의 실제 밴드의 이름으로 뮤직비디오 중 하나에 있던 이 가상 밴드의 명칭을 사용했다. 더 킬러스는 이 이름을 사용하던 다른 밴드의 이름을 훔친 것이었다. 그 다른 밴드는 마침 실제로는 존재하지 않았다.

이 밴드의 마지막 재미는 그들의 팬클럽을 위해 사용하는 이름이 '희생자victims'라는 점이다. 이 또한 처음에는 이상한 명칭처럼 보이지만, 논리적으로는 이치에 맞다. 또한 애초에 이 밴드가 불린 명칭을 기억한다면 오히려 영리한 명칭이다.

—

블링크-182
Blink-182

그냥 멋져서
그냥 무작위로 182

● 숫자도 명칭이 될 수 있다. 처음에는 이상한 말로 들리겠지만, '블링크-182'라는 밴드는 이것이 사실임을 보여주었다. 그런데 왜 하필 182라는 숫자일까? 그리고 왜 눈을 깜빡이는 블링크blink인 것일까? 그 이유는 그다지 확실하지 않다. 이 밴드는 처음부터 그냥 블링크라고 불렸지만, 그 이유를 딱히 찾지

못했다. 그냥 좋은 명칭이라서라고 생각된다.

사실 아일랜드의 한 테크노 밴드가 이미 '블링크'라는 명칭을 사용하고 있어서 다른 명칭을 사용하고자 했다. 하지만 이 밴드는 완전히 다른 명칭을 생각하는 대신 명칭 끝에 '182'를 붙여 마무리했다. 그러나 지난 몇 년 동안 사람들은 이 숫자들이 무엇을 의미하는지를 놓고 논쟁했다. 이 밴드는 이 숫자들이 무작위로 선택된 것이라고 주장하지만, 동시에 재미로 다른 이야기들을 지어내기도 했다.

가장 눈에 띄는 것은 이 밴드의 전 리더가 182가 알 파치노가 영화 〈스카페이스〉에서 F로 시작하는 외설적인 욕을 한 횟수라고 말한 것이다. 사람들은 또한 이를 어떻게 읽어야 하는지를 놓고도 논쟁했다. '1, 82'일까? '1, 8, 2'일까? '182년'일까? '18, 2'일까? 이는 이 명칭을 둘러싸고 있는 또 다른 미스터리다.

데스티니스 차일드
Destiny's Child

운명의
아이

● 많은 히트곡을 낸 이 걸그룹에서 '비욘세 놀스Beyoncé Knowles'

라는 대스타가 배출되었다. '데스티니스 차일드'는 초창기에는 '걸스 타임'이라는 훨씬 더 일반적인 명칭을 가지고 있었다. 단지 이들이 여성 중심의 밴드였기 때문에 이런 명칭이 붙어 있던 것으로 보인다.

다행히도 이 명칭은 오래 유지되지 않았다. '데스티니스 차일드'라는 이름에서 가장 흥미롭게 생각되는 부분은 소유격인 's'가 붙어 있다는 점이다. 그렇다면 '데스티니'는 누구인가? 이여자는 누구일까? 왜 밴드의 명칭이 이 여자의 이름을 따서 지어졌을까?

데스티니는 사람의 진짜 이름은 아닌 것으로 보인다. 하지만 누군가가 이 밴드의 열렬한 팬이라면 자기 부모를 졸라 데스티니라고 개명해서 자신이 진짜로 데스티니의 아이가 될 수 있도록 강요할 만큼 충분히 매력적인 이름이다.

부모 얘기가 나와서 말인데, 이 이름은 비욘세의 어머니 티나 놀스Tina Knowles 덕분이었다. 그녀는 성경에서 본 '운명(데스티니)'이라는 이름을 사용할 것을 제안했다고 한다. 유일한 문제는 이 데스티니라는 명칭을 상표화할 수 없다는 것이었다.

그들은 여전히 이 명칭을 사용하고 싶었지만, 그러기 위해서는 조금 더 독특하게 만들어야 했다. 이때 '차일드child'라는 단어가 섞이게 되었다. 그냥 '데스티니 차일드'로 갈 수도 있었는데, 그 자체로도 꽤 자극적인 명칭이다.

하지만 소유격으로 만드는 것은 그 명칭에 더 무게감을 실어 주었다. 비욘세는 인터뷰에서 "운명의 재탄생과 같다"고 언급했는데, 이 또한 매우 도발적이다. 운명의 재탄생, 운명의 아이, 데스티니스 차일드인 것이다.

드라소울
De La Soul

영혼에서 온 음악 밴드

● 뉴욕주 출신의 이 힙합 3인조 그룹은 프랑스식 명칭을 지니고 있다. 어떻게 프랑스식 명칭을 가지게 된 것일까? '드라소울'은 간단하게 '영혼' 또는 '영혼으로부터'라는 의미이다. 이는 명백하게 그들의 음악이 영혼에서 온 음악임을 의미한다. 이는 멋지고 경쾌한 힙합을 만드는 밴드에 어울리는 태평한 명칭이다.

그런데 이 밴드의 멤버 세 명이 자신들의 이름을 선택한 사연이 재미있다. 세 멤버인 포스누오스Posdnuos, 트루고이Trugoy, 메이서Maseo는 처음에는 횡설수설하는 소리로 들린다. 하지만 실제로 이는 단순히 단어 철자를 뒤집거나 조작한 것이다.

포스누오스는 '솝 사운드Sop Sound'를 뒤집은 것이다. 이는 그가 고등학생 때 DJ로 활동하던 당시 사용했던 이름이다. 트루고이는 요거트yogurt를 거꾸로 쓴 것인데, 이는 그가 가장 좋아하는 식품이기 때문이다. 메이서는 원래 성씨인 메이슨Mason을 살짝 각색한 작품이다.

크라프트베르크
Kraftwerk

독일어로
발전소

● 전자 악기는 항상 그랬던 것은 아니지만 현재 음악 산업의 버팀목이다. 전자 악기 라인업을 갖춘 최초의 밴드는 독일의 테크노 밴드 '크라프트베르크Kraftwerk'였다. 하지만 그들의 음악은 현대 테크노 팝송처럼 들리지 않았다. 그들의 독창적인 음악은 모두 좀 더 산업적인 사운드를 가지고 있었다. 그리고 그들의 명칭에 영감을 준 것은 이 산업적인 소리였다.

독일어 사용자들은 이미 이 명칭이 정확히 무엇을 의미하는지 알고 있을 것이다. 크라프트베르크가 '발전소'를 뜻하는 독일어 단어이기 때문이다. 이 밴드의 창립 멤버인 랄프 휘터Ralf Hütter는 처음 음악을 녹음하기 시작했을 때 주변에 전통적인 악기 대신 전자제품과 기기들이 있었다고 설명했다.

그는 그곳이 전혀 녹음실 같지 않다고 느꼈다. 대신 그곳은 발전소에 가까웠다. 그는 독일인이었으므로 이를 독일어로 말했다. 그래서 '크라프트베르크'라고 불리는 것이다. 나는 그들이 그 이후 실제 발전소에서 공연을 계속했다고 믿는다. 크라프트베르크가 크라프트베르크에서 말이다!

더 포그스
The Pogues

'엿 먹어라'에서 '키스'로

● 유명한 크리스마스 노래로 잘 알려져 있지만, '더 포그스'는 많은 히트곡을 가진 밴드이다. 이 밴드는 런던에서 결성되었고 그들의 리드싱어는 켄트에서 태어났지만, 그들의 음악은 켈트족에 뿌리를 두고 있다.

그만큼 그들은 켈틱 펑크 음악 장르에서 가장 비중 있는 밴드 중 하나로 간주된다. 이는 이 밴드가 에메랄드섬과 매우 밀접하게 연관되어 있으며, 비록 스코틀랜드-게일어이기는 하지만, 그 명칭도 켈트어에서 유래했음을 의미한다.

이 밴드의 원래 명칭은 '포그 마혼Pogue Mahone'으로, 이는 1982년부터 1984년까지 사용되었다. 그때 누군가가 그들에게 명칭

변경을 요구했다. 그 누군가는 바로 BBC였다. 밴드의 인기가 높아지자 BBC는 라디오 방송국에서 그들의 노래를 더 많이 틀기 시작했는데, 이는 밴드의 이름을 생방송으로 반복해서 말해야 한다는 의미였다. 그게 무엇이 잘못일까? 여러분은 아마도 이렇게 말할 것이다.

'포그 마혼'이라는 명칭은 '엿 먹어라kiss my arse'를 의미하는 스코틀랜드어인 포그 모토인póg mo thóin의 영어 발음이기 때문에 스코틀랜드-게일어를 사용하는 사람들은 라디오에서 이 구절이 끊임없이 들려오는 일에 격분했고, 그래서 이를 BBC에 불평했다.

이로 인해 BBC는 밴드에 이러한 불평에 대해 알리고 그들에게 양자택일의 결단을 촉구했다. 그 무례한 명칭을 유지하고 BBC에서는 방송금지곡이 되든지 변경해서 라디오에서 계속 노래를 들을 수 있게 하라는 것이었다. 다행히도 우리는 그들이 어떤 선택을 했는지 잘 알고 있다.

그들이 지킨 명칭 부분은 영어로 '키스kiss'로 번역되는 부분이다. 이는 '키스Kiss'라는 명칭을 지닌 밴드가 둘이라는 의미이다. 하지만 여러분이 흑백 화장에 우스꽝스러운 옷을 입은 '더 포그스'라는 명칭의 밴드를 굳이 찾아보려고 할 것 같지는 않다.

패러모어
Paramore

**발음이
비밀스러운 여인**

● 이 밴드의 이름은 그 유래가 아주 이상하다. 리드싱어인 헤일리 윌리엄스Hayley Williams는 이 밴드의 명칭이 이전 베이스 연주자 중 한 명이 미혼 시절에 사용하던 성에서 따온 것이라고 말했다.

밴드의 명칭을 짓는 방법은 정말 이상하다. 다른 밴드들이 그들의 전 베이스 연주자의 어머니 성에서 이름을 따왔을 때 어떤 명칭을 갖게 될지 상상이 가지 않는다. 이 밴드의 명칭에서 흥미로운 점은 '동음이의어'라는 것이다. 로맨스를 사랑하는 사람들은 같은 방식으로 발음하지만, 철자가 다른 패러모어paramour(연인)라는 단어에 익숙할 것이다.

패러모어paramour라는 단어는 ' to/by'를 의미하는 'par'와 'love'를 의미하는 'mour'라는 단어에서 유래했다. 고대 프랑스어에서 'to'는 누군가를 사랑한다는 의미의 형용사/동사였다. 하지만 이는 극도의 비밀스러운 종류의 사랑으로 연결되었고, 이 단어가 영어로 변했을 때 패러모어paramour는 비밀스럽거나 불법적인 연인을 의미하는 명사로 더 많이 사용되었다.

이 밴드가 처음에 밴드 명칭을 선택했을 때는 이 의미를 몰랐지만, 그 명칭이 마음에 들었다. 이 명칭이 선택된 것은 옛 밴드 멤버를 기리는 의미였지만, 위험스러운 함축성 때문이기도 했다.

패러모어Paramore라는 성을 조사해 보니, 이는 이 프랑스어 용어에서 온 것 같다. 아마도 이 이름을 가진 첫 번째 사람은 누군가의 비밀스러운 애인이거나 심지어 금기시되는 관계에 따른 자손일 것이다.

런 더 쥬얼스
Run the Jewels

**힙합에 빠져들게 한
노래 구절**

● 이 힙합 듀오가 최근 몇 년간 '런 더 쥬얼스run the jewels'라는 구절을 인용해 이목을 끌었지만, 이는 이 밴드가 나오기 전부터 있었던 구절이다. 이는 '강도', '강탈', '절도'를 의미하는 오래된 속어이다.

처음에는 보석을 훔쳐 달아나는 '보석가게를 털다'라는 의미와 연관이 있었던 것으로 보인다. 이 밴드 멤버들의 전과 기록이나 그들이 '보석가게를 런' 적이 있는지는 확신할 수 없지만,

그들이 물건을 훔치는 것을 좋아한다는 의미로 밴드 명칭을 만든 것은 아닌 것 같다.

그들은 LL 쿨Cool J의 노래 'Cheesy Rat Blues'에서 이 구절을 듣고 영감을 받아 이 구절을 밴드의 명칭으로 사용했다. 애당초 그들이 힙합에 빠져들게 만들었던 노래를 기리는 명칭이었다.

이 명칭에 대해 흥미롭게 읽은 것은 최근 제작될 영화 중에 〈보석을 털어라Run the Jewels〉라는 영화가 있다는 것이다. 그러나 밴드 '런 더 쥬얼스Run the Jewels'는 자기네 밴드 명칭을 사용하려는 이 영화에 불만을 나타냈다. 런 더 쥬얼스Run the Jewels라는 용어가 '보석을 털다'는 의미로 사용되는 일에 화가 났던 것이다.

―

방탄소년단
BTS

보이스카우트
총알

● 한국에서 나온 그룹 BTS는 세계적인 센세이션을 일으키며 빠르게 유명해졌다. 어느새 이 세 글자가 온 세계에 퍼져 있다. 이는 정확히 무엇을 의미할까? 여기에는 몇 가지 설명이 있다.

BTS는 한국에서는 한국어 '방탄소년단'의 영어 이니셜이기도 하지만 한국어의 영어 표현bulletproof boy scouts에 대한 이니셜이기도 하다.

처음에는 이상해 보일 수도 있지만, 이는 꽤 영리한 용어이다. 보이스카우트는 전통적으로 젊은이들을 말하고, 젊은이들은 그들에게 주어진 많은 기대와 고정관념을 가지고 있다. 젊은이들이 직면하고 있는 이러한 문제들은 사람을 쓰러뜨릴 수 있는 총알로 보인다.

하지만 방탄이 된다는 것은 이러한 문제들을 회피할 수 있다는 것을 보여준다. 밴드가 직면한 이러한 이슈들의 극복이 그 명칭에 영감을 주었다.

최근 이 밴드는 역사적으로 BTS가 의미하는 '무대 뒤Behind the Scenes'라는 다른 의미도 가질 수 있다는 점을 확인해 줬다. 이는 단지 기업 브랜드에 대한 리브랜딩rebranding이 아니라 소셜 미디어들을 통해서 요즘 밴드들이 받는 관심을 반영한 것이다. 이제 우리는 그들의 무대 뒤 아주 많은 것들을 볼 수 있다. 밴드에서, 무대 위에서, 무대 뒤에서 무엇을 하는지 말이다.

The Origin of Names,
Words and Everything in Between
Volume II

5

신체 부위

Body Parts

66

몸의 중요한 장기와 뼈에 대해 잘 알고 있을 것이다.
하지만 '경정맥'은 어떤가? '해부학코담배갑'은?
우리는 생각만큼 자기 몸을 잘 모를 가능성이 크다.

이번 장에서는 인체의 다양한 부분들이
어떻게 현재의 명칭을 얻게 되었는지 다룰 예정이다.
시작하기 전에 '오르간organ'이라는 단어를 강조하고 싶다.
이 단어는 '특정일을 하는 어떤 것'이라는 의미로,
우리의 신체 부위에 합당한 용어이다.

'오르간'이라는 용어에 다른 단어들이 붙여졌다.
하모니카는 마우스 오르간에서 왔고
파이프 오르간도 시간과 함께 오르간이 되었다.
교회에 있는 커다란 피아노가
우리의 몸이 지닌 명칭을 가지고 있게 된 것이다!

99

근육
Muscle

피부 아래를 달리는
작은 쥐

● 인간의 몸은 대략 600개의 근육으로 구성되어 있다. 근육은 우리의 존재에 매우 중요하며 우리의 힘과 가장 밀접하게 연관되어 있다. 보통 강한 사람들과 연결되어 있지만, 근육은 어떤 방법으로든 힘과는 연결되지 않을 것 같은 동물에서 명칭이 붙여졌다.

라틴어에서는 근육muscle을 무스쿨루스musculus라고 불렀다. 이 라틴어 명칭은 영어로 '작은 쥐little mouse'를 의미하는 것으로 번역된다. 앞서 말했듯이 작은 쥐는 힘을 생각할 때 가장 먼저 떠오르는 동물은 아니다.

어떻게 이 중요한 신체 부위가 설치류의 명칭을 따서 지어졌을까? 쥐의 힘과는 아무 상관이 없는 것이 확실하다. 이 모든 것은 우리의 피부 아래, 특히 이두근이 움직이는 방식에서 비롯되었다.

고대 로마인들은 근육을 구부릴 때 만들어지는 움직임이 피부 아래를 달리는 작은 쥐처럼 보인다고 생각했다. 쥐가 피부 아래에서 뛰어다니는 것은 좋은 생각이 아니다. 하지만 이는 보디빌더와 운동 중독자들 모두에게 사랑받는 단어를 만드는 데 기여했다.

로마인들은 특히 작은 쥐를 좋아했는데, 이들의 명칭을 딴 것은 우리의 살점에만 국한된 것이 아니었다. 철자가 조금 다르기는 하지만, 또 다른 동물의 이름인 홍합mussels도 이들의 이름을 따서 붙여졌다.

로마인들이 왜 이 연체동물의 이름을 홍합이라고 지었는지는 확실하지 않지만, 한 가지 추측은 그것이 모양과 관련이 있다는 것이다. 아마도 로마인들은 열린 껍질을 보면서 쥐의 귀를 생각했을 것이다.

골격
Skeleton

● 골격(뼈대)은 무섭고 으스스한 것과 연관되어 있지만, 사실은 아주 놀라운 것이다. 골격은 우리의 모습을 잡아주는 우리 몸의 기초이다. 만약 골격이 없는 우리가 어떻게 보일지 알고 싶다면 민달팽이를 상상해 보면 된다. 민달팽이는 뼈가 없기 때문이다. 끔찍한 일이 일어나지 않는 한 우리가 자신의 골격을 볼 수는 없다. 특히 엑스레이가 존재하지 않았던 고대에는 더 그랬다.

과거에 사람들이 인간의 골격을 보게 되는 가장 흔한 경우는 사람이 죽은 후 썩어서 유골이 된 상태로 남았을 때였다. 많은 동물은 죽으면 야외에서 뼈만 남게 되지만, 우리 인간은 죽은 사람들을 매장한다. 이렇게 되면 유골이 발굴되는데, 이때쯤이면 이미 말라버린 상태일 것이다.

골격이라는 명칭은 이 '건조함'에서 따온 것이다. 이는 '마른'을 의미하는 그리스어인 '스켈레토스skeletos'에서 유래했다. 이 마른 뼈들은 우리 몸의 내부 구조의 명칭으로 이어졌다. 하지만 실제로 우리의 뼈대는 최소한 우리가 그것들을 사용하는 동안에는 대부분 젖어 있다.

허파
Lung

**무게가 거의 없는
빛 기관**

● 허파(폐)는 한 쌍으로 되어 있고, 우리가 숨을 쉴 수 있게 해준다. 비록 허파가 하는 모든 일은 무게감이 있는 중요한 일이지만, 이름은 그렇게 무겁지 않다. 이 신체 부위의 이름은 '빛 기관'을 의미하는 고대 고지 독일어인 '룽군lungun'에서 유래되었다.

이 명칭은 '무겁지 않다/무게가 거의 없다'는 의미의 인도-유럽조어 '레그legwh'에서 유래되었다. 이 통기성 기관은 정말 통기성 있는 명칭을 가지고 있다. 평균 성인용 폐 한 쌍의 무게는 약 1kg인데, 이는 그렇게 가벼운 편은 아니다.

이처럼 허파의 실제 무게는 결코 가벼운 편이 아닌데 왜 이러한 명칭을 가지고 있는 것일까? 한 가지 설명은 이 명칭이 요식업계에서 왔다는 것이다. 사람들은 장기를 즐겨 먹는다. 다양한 동물들의 간과 심장은 전 세계에서 흔한 음식이다. 허파 역시 그렇게 흔하게 먹지는 않지만, 그래도 많이 먹는 편이다.

자료에 따르면, 장기들은 끓는 냄비에 던져 넣으면 밑바닥까지 가라앉는다. 이는 허파도 마찬가지이다. 하지만 허파는 다른 장기에 비해 조리용 냄비에서 훨씬 부력이 강하기 때문에 이런 이름이 붙여졌을 수도 있다. 하지만 이것이 사실인지 여부를 확인하기 위해서 실험해 본 적은 없다.

창자
Intestine

**우리 몸 안에 있는
징그럽고 미묘한 줄**

● 우리 몸의 두 기관에 이 명칭이 붙어 있다. 하나는 소장small intestine이고 다른 하나는 대장large intestine이다. 이 두 기관은 우리가 그 기관에 넣은 음식과 액체를 우리 몸이 처리하도록 함께 작용하며 돕는다. 왜 하나는 작다고 하고 다른 하나는 크다고 하는지는 굳이 설명할 필요는 없을 것이다.

창자intestine라는 단어 자체는 '내부'를 의미하는 라틴어 형용사 인테스티누스intestinus에서 유래했다. 단순히 이 장기가 우리 몸 안에 있기 때문이다. 모든 장기가 이 명칭을 가질 수 있을 것같다. 이는 장이 왜 신체 부위의 모든 용어로서 사용되는지도 설명해 준다.

이 장기에서 가장 좋아하는 부분은 과거에 사용된 영어 이름들이다. 중세 영어에서 창자는 큰 것과 작은 것 대신 각각 '징그러운 것'과 '미묘한 것'으로 묘사되었다. 이 단어들은 '크다'와 '작다'는 의미를 내포하고 있는 단어들이지만, 그 이후 다른 의미도 얻었다.

고대 영어에서는 내장 전체를 로프hropp라고 불렀는데, 이는 간단히 '줄rope'을 의미한다. 창자가 어떻게 생겼는지를 안다면 왜 줄이라고 불렸는지 알 수 있을 것이다.

팔꿈치
Elbow

구부러지는 팔

● 활bow은 오래전부터 구부러짐과 관련이 있는 단어이다. 활에서 화살을 쏠 때면 활은 뒤로 아주 많이 구부러져야 한다. 만약 어떤 것에 힘이 가해져 휘어지기 시작하면 우리는 그것이 구부러지기 시작했다고 말한다. 또한, 절을 하는 행위bowing도 우리가 몸을 구부리는 행위이다.

우리의 팔꿈치도 엄청나게 구부러진다. 그래서 이 단어가 적용되었다. 팔꿈치elbow에서 el은 인도-유럽조어인 '엘리나elina'에서 유래했다. 그 의미는 '팔arm'이다. 그래서 이 명칭은 대략

적으로 '팔이 구부러지는 것'을 의미한다. 믿을 수 없을 정도로
이치에 잘 맞는 설명이다.

경정맥
Jugular

가장 약한
멍에

● 특정 정맥에 명칭이 붙어 있는지 누가 알았겠는가? '경정맥'
은 아마도 가장 잘 알려진 특정 정맥 명칭 중 하나일 것이다. 경
정맥은 뇌에서 목구멍을 지나 심장으로 흐른다. 이것이 하는
일은 머리에서 심장으로 혈액을 가져가는 것이다.

로마인들은 이 정맥을 '쇄골/목구멍'을 의미하는 이우굴룸
iugulum이라고 불렀다. 이 이름은 '멍에yoke'를 의미하는 라틴어
이우굼iugum으로 거슬러 올라간다. 이런 멍에는 달걀의 노른자
yolk와는 아무 상관이 없다.

대신 이는 두 마리의 동물을 함께 잡아둘 때 사용되는 기구
의 명칭이다. 가장 눈에 띄는 것은 쟁기를 끌 때 두 마리의 황소
가 멍에를 쓰고 있는 것이다. 쇄골이 이 멍에처럼 생겼기 때문
에 목구멍과 정맥에 국소화되기 전에는 어깨 부위에 이 명칭을
붙인 것 같다.

이 신체 부위의 오래된 라틴어 이름들이 J가 아닌 I로 시작한다는 것을 알아차렸을지도 모른다. J라는 글자가 가진 이상한 역사 때문이다. 로마 시대에 J는 문자 I의 변형이었다. 16세기가 되어서야 이 문자는 오늘날까지 이어지는 명칭과 소리를 갖게 되었다.

또한, 경정맥의 흥미로운 점은 이 신체 부위가 '급소를 찌르다Go for the jugular'라는 구절에서 하는 역할이다. 우리는 잔인하고 참혹한 방법으로 누군가를 물리치기를 원할 때 누군가에게 "경정맥을 공격하라"고 소리친다. 말 그대로 싸움에서 누군가를 이기는 것이든, 논쟁에서 더 은유적으로 이기는 것이든, 우리는 경정맥을 인간의 신체에서 가장 약한 곳이라고 믿는다.

경정맥을 베면 사람들은 대부분 목숨을 잃는다. 이는 그리 유쾌한 이미지는 아니다. 하지만 때로는 악랄한 언어를 사용해야 할 때가 있다. 이 구절과 신체 부위는 이를 분명히 상기시켜 준다.

괄약근
Sphincter

**단단히 묶거나
꽉 조일 수 있는 밴드**

● 우리는 괄약근을 대부분 항문과 연결하지만, 우리 몸에는 60여 가지 다른 종류의 괄약근이 있다. 괄약근은 다양한 것들이 우리 몸을 규칙적으로 통과하도록 돕기 위해 수축하는 모든 원형 근육에 적용되는 이름이기 때문이다.

우리의 담관은 괄약근에 의해 통제된다. 위 주변에는 많은 괄약근이 있는데, 심지어 우리의 눈에도 괄약근이 있다. 말하고 싶은 것은 기본적으로 여러분의 몸은 항문으로 덮여 있지만, 다른 모든 사람도 마찬가지이기 때문에 너무 걱정하지는 말라는 것이다.

그리스어 스핑크테르sphinkter는 단단히 묶거나 꽉 조일 수 있는 모든 종류의 '밴드 또는 끈'을 의미하는 데 사용되었다. 이 단어를 이 신체 부위에 적용한 사람은 그리스인 의사 갈렌Galen이었다.

괄약근이 하는 중요한 일은 꽉 쥐는 것이었다. 갈렌은 의학 역사에서 매우 중요한 인물이다. 또한, 우리가 엉덩이 부위에도 사용하는 단어를 만든 것이 분명하다.

인중
Philtrum

● 우리 몸의 모든 부분에는 명칭이 있다. 여러분은 그 명칭이 정확히 무엇인지 모를 수도 있다. 예를 들어, 인중을 보자. 이를 잘 사용하지 않을 가능성이 꽤 크다. 하지만 거울을 볼 때마다 보는 것이 인중이다. '인중'은 코와 윗입술 사이에 난 홈에 대한 적절한 과학적 이름이기 때문이다.

우리 인간뿐만 아니라 개나 고양이 같은 많은 다른 포유류들도 인중을 가지고 있다. 모든 인간, 영장류, 그리고 많은 포유류의 얼굴에 존재하지만, 인중이 우리에게 그다지 많은 도움이 되지는 않는다. 최소한 우리 인간에게는 그렇다.

생물학적인 목적이 없을 수도 있지만, 우리 인간은 그것에 '인중'이라는 의미를 부여했다. 인중이 신체에서 다소 친밀한 부분으로 보이기 때문이다. 아마도 그것이 입술에 아주 가깝기 때문이며, 키스 덕분에 믿을 수 없을 정도로 매혹적이라고 여겨졌기 때문일 것이다.

인중이라는 명칭은 매혹적인 함축에서 비롯된 것으로, 이는 '사랑의 매력'을 의미하는 그리스어에서 유래된 것이다. 이는 우리가 사랑하는 사람들을 우리의 입으로, 그리고 우리의 인중으로 매혹시키기를 바라기 때문이다. 인중과 윗입술이 때때로 '큐피드의 활'이라고 불리는 것도 이러한 이유 때문이다.

우리는 입에서도 약간의 낭만적인 신화를 보았다. 윗입술과 인중은 사랑의 신에 속하는 유명한 활과 화살과 다소 닮아 있다.

해부학코담뱃갑
Anatomical Snuffbox

코담배가 머무는
신체의 집

● '해부학코담뱃갑'은 신체 부위에 사용되는 명칭임은 물론이고, 이 신체 부위에 대한 가장 공식적이고 정확한 명칭이 분명하다. 이것으로 풀어야 할 것이 많다. 코담뱃갑은 무엇인가? 어째서 여기에 해부학이라는 명칭이 붙었을까? 이 기관은 어디에 있는 것인가?

'해부학코담뱃갑'은 엄지의 아랫부분과 손목의 윗부분 사이에 있다. 만져보면 손의 이 부분이 움푹 들어간다는 것을 알게 될 것이다. 다른 사람들보다 특히 더 움푹하게 들어가는 사람도 있다. 이는 사람마다 달라서 꽤 크게 움푹 들어간 사람이 있는가 하면 그다지 들어가 보이지 않는 사람도 있다. 아무튼 움푹 들어간 모양으로 인해 이 부분은 이처럼 이상한 명칭을 갖게 되었다.

코담뱃갑이 무엇인지 이해하기 위해서는 먼저 '코담배snuff'가 정확히 무엇인지 이해해야 한다. 이는 담배의 한 종류이다. 하지만 일반적인 담배의 형태와는 달리 코담배는 궐련이나 파이프처럼 피우지 않는다. 대신, 코로 훌쩍이며 들이마시는 가루 같은 물질이다.

코담배라는 이름은 '코를 훌쩍이다sniff'에서 변형된 것이다. 코담배는 작은 깡통, 즉 코담뱃갑에 담아 파는 경향이 있다. 하지만 코담배를 피우는 사람들은 이 양철에 코를 박고 숨을 들이마시지 않는다. 대신 그들은 보통 소량의 물질을 손의 특정한 부위 위에 얹는다. 특히 우리가 '해부학코담뱃갑'이라고 부르는 손의 일부가 바로 그곳이다.

이 수제 코담배는 움푹 들어간 부분에서 사람이 콧구멍으로 흡수하기 전까지 안전하게 집처럼 머무른다. 손에 있는 이 작은 홈이 바로 인체의 코담배 상자였다. 이는 왜 그것이 인체와 관련된 형용사적 의미인 해부학이라고 일컬어지는지를 설명해 준다.

뇌 속의 부분들
Parts of the Brain

자체적인 명칭을 지닌
유일한 존재

● 당신의 뇌는 곧 당신 그 자체이다. 그렇다. 우리의 뼈, 피부, 그리고 다른 모든 장기들은 우리 몸이 제대로 기능을 하는 데 매우 중요한 역할을 한다. 하지만 우리를 다른 모든 인간과 구분시키는 결정적인 특징들은 뇌에서 발견될 수 있다.

생각, 사고, 신념, 흥미, 그리고 무관심 등은 모두 우리의 눈 뒤에 숨어 있는 약 1.3kg의 살찌고 주름진 물질 안에 있다. 뇌는 매우 복잡한 존재이다. 너무나도 복잡해서 여러 부분으로 나누어져 있다. 뇌의 부분은 각각 고유한 이름을 가지고 있다. 뇌 하나만 가지고도 전체 장을 할애할 수 있지만, 여기서는 그중 몇 가지만 집중적으로 설명할 것이다.

대뇌피질cerebral cortex은 뇌 전체를 덮고 있는 조직의 층에 붙여진 이름이다. 이것의 명칭은 만화책이나 어떤 미친 과학자의 책에서 나온 것처럼 들리지만, 그 기원은 로마 시대로 거슬러 올라간다. 이 명칭의 앞부분인 대뇌cerebral는 뇌를 뜻하는 라틴어 '세레브룸cerebrum'에서 유래했다.

피질cortex 부분 역시 라틴어이다. 나무껍질, 껍질, 껍데기를 의미한다. 흥미로운 것은 피질이라는 단어가 모든 장기의 가장 바깥쪽 층에 적용된다는 것이다. 위피질과 간피질도 있다. 이는 화려하게 들리는 대뇌피질cerebral cortex이라는 명칭이 '뇌의 껍질'이라는 단순한 뜻을 지녔음을 의미한다.

우리 뇌의 많은 부분은 '엽lobe'이라고 불린다. 이것은 기원을 알 수 없는 오래된 단어이다. 하지만 뇌에만 엽이 있는 것은 아니다. 온몸에 엽이 있다. 가장 눈에 띄는 것은 '귓불earlobe'이다.

우리 뇌의 엽들에는 독특한 명칭이 붙어 있는데, 그중 하나는 측두엽temporal lobe이다. 이는 기억, 특히 장기적인 기억을 다루는 것으로 믿어지는 뇌의 부분이다. 기억을 이해하기 위해서는 또한 시간도 이해해야 한다. 따라서 이 엽이라는 명칭은 시간을 의미하는 '템포랄temporal'이라는 라틴어 형용사를 특징으로 한다.

두뇌의 모든 곳이 화려한 라틴어 이름을 지닌 것은 아니다. 브로카 영역Broca's Area은 그것을 연구한 사람인 피에르 폴 브로카Pierre Paul Broca의 이름을 따서 명명되었다. 이를 언급하는 이유는 명칭이나 단어를 사랑하는 사람들이 여기에 큰 관심을 가지고 있기 때문이다. 이 부분은 언어를 처리하는 것으로 생각되는 뇌의 부분이다.

하지만 뇌에서 가장 이상하게 들리는 부분은 아마도 숨골medulla oblongata(연수)일 것이다. 이는 신체의 다른 부분과 연결된 뇌의 부분이다. 모든 것을 연결함은 물론 우리의 심박수, 호흡, 그리고 혈압과 같은 것들을 조절한다. 이는 아주 중요한 일이다.

'연수'라는 단어는 중간이라는 뜻의 라틴어 '메디우스medius'에서 유래했다. 그것이 붙어 있는 척수가 우리 몸의 한가운데를 따라 흐르기 때문이다. 이 명칭의 일부에 있는 '오블롱가타oblongata'는 그것이 타원형이라는 사실을 가리킨다. 그래서 이 이상하게 들리는 명칭은 '중간에 있는 긴 타원형'이라고 간단히 설명될 수 있다.

이 모든 흥미로운 명칭에도, 뇌의 실제 명칭 그 자체는 그리 주목할 만한 것이 아니다. 시간이 지남에 따라 오래된 게르만 단어에서 오늘날 우리가 사용하는 단어로 진화했다. 인상적인 것은 뇌가 뇌 자체를 위해 이 명칭을 만들어냈다는 점이다. 즉, 뇌는 자체적인 명칭을 지닌 유일한 존재인 것이다.

The Origin of Names, Words and Everything in Between
Volume II

6
수역
Bodies of Water

"

지구상에는 엄청나게 많은 땅이 있지만,
지구 전체 표면의 약 30%만을 차지한다.
나머지 70%는 물이다.

물은 우리 인간에게 가장 중요한 것일지도 모른다.
지구상에서 물은 거대한 바다에서부터
작은 시냇물까지 다양한 형태를 취한다.

여기서는 지구의 생명체를 간직한 물을
다양한 수역 중에서 선정해
어떻게 그 명칭을 얻게 되었는지 살펴보도록 하자.

"

태평양
Pacific Ocean

유쾌하고 고요하고
조용한 대양

● 태평양은 지구상에서 가장 큰 수역이다. 면적이 1억 6,525만 km²로서 이는 엄청나게 큰 규모이다. 태평양은 호주, 뉴질랜드, 동아시아를 가로질러 아메리카 대륙까지 뻗어 있다.

한 소식통에 따르면, 이 바다 전체를 항해하는 데는 약 5~10주가 걸린다고 한다. 바람이 잘 불어 준다면 말이다! 이는 가볍게 다룰 수 없는 수역이다. 실로 엄청난 규모이지만, 그 명칭은 오히려 유쾌하고, 고요하고, 조용하다. 말 그대로 평화롭다.

태평양pacific이라는 명칭은 '평화롭다peaceful'는 뜻을 지닌 스페인어와 포르투갈어 단어에서 유래했다. '무언가를 평화롭게 만들다'는 뜻의 동사 '퍼시파이pacify'와 같은 단어에서 볼 수 있다. 미국인들이 아기를 달래기 위해 입에 물리는 고무젖꼭지 pacifier에서도 이 단어를 볼 수 있다.

어떻게 이 광대한 물이 '평화롭다'는 뜻의 이름을 갖게 되었을까? 그것은 16세기 스페인이 고용한 포르투갈 항해가 페르디난드 마젤란Ferdinand Magellan이 이 바다를 탐험하던 당시로 거슬러 올라간다. 그는 아직 완전히 탐사되지 않은 이 바다의 해도를 그리고 있었다.

앞서 항해에서 그는 격동적이고 사나운 바다에서 함대 전체가 전복될 위험을 겪었고, 마침내 그와 선원들은 '평화로운 바다'라는 뜻의 '마르 파치피코Mar Pacífico'에 도달했다. 그들은 이 잔잔한 바다에 감사하며 '조용하고 평화로운 바다'라는 명칭을 붙였다. 지금은 바다가 아닌 대양으로 분류되고 있지만, 그 명칭에서 평화롭다는 의미는 여전히 남아 있다.

그런데 마젤란은 자신의 이름을 따서 바다 이름을 지을 정도로 교만한 사람이 아니었다. 칠레 남부에 있는 마젤란 해협Strait of Magellan이 그의 이름을 딴 것이다. 이곳은 그가 태평양의 평화로운 바다에 도달하기 위해 통과해야 했던 해협이었다.

양쯔강
Yangtze River

양쯔이
나루터가 있는 강

● 이 강은 다소 독특한 명성을 지니고 있다. 왜냐하면 한 국가 내에서 가장 긴 강이기 때문이다. 길이가 약 6,300km나 되기 때문에 이 거대한 강을 가진 나라 역시 꽤 큰 영토를 가지고 있어야 한다. 그 국가는 실제로도 꽤 넓다. 양쯔강은 바로 중국에서 가장 긴 강이다. 한 나라에서 가장 길뿐만 아니라 아시아에서도 가장 길고, 세계에서는 세 번째로 길다!

양쯔강은 그 길이도 매우 길고, 이곳을 영토로 둔 중국도 아주 오래전부터 존재해 왔던 나라이기 때문에 당연하게도 각 구역마다 독특한 이름이 붙여졌다. 그중에는 창지앙長江이 포함되어 있다. 이는 '긴 강'이라는 뜻이다.

진사강金沙江은 상류 지역에 붙어 있는 명칭이다. '황금빛 모래의 강'이라는 의미이다. 또한, 통톈강通天江은 '천국을 통과하는 강'을 뜻한다. 심지어 '눈물 나는 강'이라는 뜻의 '퉈퉈허沱沱河'라는 명칭도 있다.

하지만 이 명칭 중 양쯔강이라는 명칭을 설명해 줄 수 있는 것은 하나도 없다. 이 명칭은 양저우성揚州省의 양쯔이Yángzǐ라고 불리던 횡단용 나룻배가 다니던 나루터를 유럽인들이 묘사한 데에서 유래한 것으로 보인다. 그러니까 강 이름은 나루터의 명칭을 따서 만들어졌고, 나루터의 명칭은 이 지역의 명칭을 따서 만들어진 것이다.

유럽인들이 이 지역에 도착해서 나루터의 명칭을 따서 강의 명칭을 붙였을 것이다. 하지만 이것이 가장 흥미로운 일은 아니다. 독특한 점은 다른 데 있다. 주변을 흐르는 강의 명칭을 따서 명명된 장소는 엄청나게 많다. 따라서 거꾸로 지역의 명칭을 따서 강의 명칭이 붙여진 경우는 정말 독특하다!

카리브해
Caribbean Sea

용감하고 강한
사람들의 바다

● 카리브해를 생각하면 떠오르는 이미지가 지구상 다른 곳에 또 있을까? 눈부신 햇살, 이국적인 야생동물, 햇볕이 잘 드는 해변, 보물을 찾는 해적들을 말하는 것이다. 카리브해는 일반적인 고정관념과 수사 어구 이상의 의미를 지니고 있다.

그것은 깊고 어두운 역사를 가진 이 세계의 일부이며, 신대륙으로 가는 관문이다. 바하마제도는 콜럼버스가 처음 상륙한

섬이었다. 이는 유럽인들이 아메리카 대륙과 교류할 수 있는 길을 열어 주었다.

원주민들은 이 섬에 '과나아니Guanahani'라는 명칭을 붙였다. 하지만 콜럼버스는 이곳을 '산살바도르San Salvador'라고 명명했다. 그는 카리브해의 원래 지명들을 자신이 선택한 지명들로 마구 대체했다.

다행히도 콜럼버스의 '발견'이 이루어진 이 바다에는 그의 노력에도 불구하고 그가 만들어낸 명칭이 붙어 있지 않다. 이 바다 안에 있는 육지는 '앤틸리스Antillas 열도'라고 불렸고, 그 바다는 '앤틸리스해Sea of Antilles'라는 명칭을 얻었다.

콜럼버스는 처음에는 자신이 인도에 있다고 생각했다. 하지만 곧 그렇지 않다는 것을 깨닫고는 이곳을 '서인도 제도East Indies'라고 불렀다. 유럽의 관점에서 보면 인도의 서쪽에 위치했기 때문이다.

카리브해는 다행히도 현지의 어원에서 유래한 단어이다. 이 바다의 작은 섬들에 거주하는 '카리브족Carib'이 사용했던 언어이다. '캐리비안Caribbean'은 '카리브족과 관련된'이라는 의미를 지닌 형용사이기 때문에 '카리브해'는 '카리브족의 바다'라는 의미이다.

하지만 불행하게도 카리브족은 원주민을 지칭하는 명칭이 되었지만, 스페인 언어가 섞인 단어이다. 원래 순수한 원주민 언어로 그들은 '용감하고 강한 사람들'이라는 뜻의 '칼리나고 Kalinago'로 알려져 있다.

슈피리어호
Lake Superior

가장 위쪽에 있는
거대한 호수

● 지구상에서 가장 큰 담수호인 슈피리어 호수는 합당한 이름을 지닌 것이 틀림없다. '슈피리어superior'라는 말은 '질적으로 더 좋다'는 뜻과 연결된다. 하지만 그 의미와 어느 정도 관련이 있는 또 다른 의미가 있다.

슈피리어라는 단어는 '위쪽'이라는 뜻의 프랑스어 슈페리어 supérieur에서 유래했다. 처음에 슈피리어호는 프랑스인들이 명칭을 만들었기 때문에 '라크 슈페리어Lac Supérieur'라고 불렸다. 이 호수는 캐나다와 국경을 공유하고 있다. 프랑스인들이 이를 슈페리어라고 부른 것은 단지 거대한 규모 때문만이 아니었다. 오대호 중 가장 위쪽에 위치했기 때문이었다.

프랑스인들이 이 호수에 명칭을 붙인 최초의 사람들이 아니라는 것을 먼저 알아야 한다. 그들 이전에 아메리카 원주민인 오지브와족Ojibwe은 이 호수를 '큰 바다'라는 뜻의 '기치가미

Gichi-Gami'라고 불렀다. 이들조차도 거대한 크기에 매료되었던 것이다.

실망의 호수
Lake Disappointment

**마른 소금물
호수**

● 불행하게도 모든 호수가 다 우수할 수는 없다. 어떤 호수는 다소 실망스럽기도 하다. 인적이 드문 호주의 필바라Pilbara 지역 한가운데에 있는 이 호수는 너무나도 실망스러워서 이 같은 명칭이 붙여졌다!

1897년에 탐험가 프랭크 한Frank Hann이 이 호수를 이렇게 명명했다. 19세기에 마실 물도 거의 없이 태양이 내리쬐는 이 건조한 지역을 탐험하는 그의 모습을 상상해 보라. 아마도 꽤 힘들었을 것이 분명하다.

이런 땅을 걷던 프랭크에게 작은 개울들이 보이기 시작했다. 그는 이 개울들이 그가 갈증을 해소하고 더위를 식힐 수 있는 담수호로 이어질 것이라고 확신했다. 하지만 실망스럽게도 이러한 개울물은 그가 생각했던 오아시스와는 거리가 먼 마른 소금물 호수로 이어졌을 뿐이었다.

화가 난 그는 이 호수에 '실망의 호수'라는 바보 같은 명칭을 붙였다. 호주의 많은 볼거리와 마찬가지로 2020년에 이 호수는 원래의 명칭을 되찾았다. 현재는 공식적으로 쿰푸핀틸 호수Kumpupintil Lake라고 불린다. 이 이름은 한 서사시에서 고대 전사들이 거인들과의 전투를 벌이는 가운데 호수가 생성되었다는 유래를 묘사하고 있다. 이는 확실히 실망스럽지 않은 이름이다.

프리티보이 저수지
Prettyboy Reservoir

**망아지 프리티보이를
기리는 저수지**

● 저수지reservoir라는 단어 그 자체는 '창고'라는 뜻의 프랑스어 '레자부와réservoir'에서 유래했다. 이 단어는 결국 '무엇이든 저장할 수 있는 모든 것'이라는 넓은 의미를 갖게 되었는데, 물을 기반으로 하는 저수지는 물을 모으고 저장하는 장소이다.

'리저브reserve(비축하다)'라는 동사도 같은 프랑스어에서 유래했는데, 무언가를 붙잡는다는 의미이다. 흥미로운 어원을 지닌 흥미로운 단어이다. 하지만 저장소라는 부분이 가장 먼저 흥미가 끌리는 것은 분명 아닐 것이다.

이 저수지는 미국 메릴랜드주에 있는 건파우더강Gunpowder River의 일부이다. 예쁘장한 남자아이의 이름을 따서 지은 것은 아니다. 이는 말 그대로 프리티보이Prettyboy라고 불리는 무언가의 이름에서 따온 것이다.

그것은 문자 그대로 '프리티보이'라는 이름의 '말horse'이다. 문자 그대로라고 하기는 했지만, 이 이름은 사실 이 지역의 한 전설에서 유래했다. 근처에 살던 농부가 프리티보이라는 이름의 망아지를 키웠다고 한다. 프리티보이는 마을 사람들의 사랑을 한 몸에 받았다.

그런데 어느 폭풍우가 몰아치던 밤, 갑작스러운 홍수로 불어난 물이 농장에 들이닥쳤고, 그 바람에 말이 건파우더강으로 쓸려내려가 다시는 볼 수 없게 되었다. 농부들과 마을 전체는 그들이 사랑했던 프리티보이를 잃은 것에 대해 크게 상심했다. 그래서 저수지가 건설되었을 때 잃어버린 말을 기리기 위해 그의 이름을 붙였다.

물론 이것이 얼마나 진실성이 있는 이야기인지는 모른다. 하지만 놀라운 이야기인 것은 분명하다. 옳고 그름을 떠나서 저수지에 명칭이 붙여진 이유로서는 훌륭하다.

베테른호
Lake Vättern

**맑고 아름다운
영혼의 호수**

● 베테른호는 스웨덴에서 가장 큰 호수는 아니다. 하지만 또 다른 이유로 인해 잘 알려져 있다. 이 호수의 물은 믿을 수 없을 정도로 맑고 깨끗하다. 육안으로 수심 15m까지 보이고, 물이 깨끗해서 벌레나 위생에 신경 쓰지 않고 바로 마셔도 된다. 이 호수는 경치, 보트 여행, 그리고 낚시에 좋은 장소이다.

이 호수 명칭의 유래에 대해서는 두어 가지 이야기가 있다. 하나는 지루하고, 하나는 흥미롭다. 보다 더 지루한 것은 이것이 '물'을 뜻하는 스웨덴 용어인 '바텐vatten'에서 유래했다는 생각이다. 앞서 말했듯이 그다지 흥미가 당기는 이야기는 아니다.

'물'이라는 명칭을 따서 거대한 물에 대한 명칭을 만드는 것을 창의적이라고 할 수는 없다. 다른 흥미로운 유래는 이것이 '호수의 영혼'을 뜻하는 고대 용어인 '베테르vätter'에서 유래했다는 것이다. 나는 이 이야기가 더 마음에 든다. 이는 매우 맑은 호수에 특히 잘 어울리는 이름인 것 같다.

고대 노르웨이 사람들은 이 호수의 맑고 아름다운 물에 놀라 이 호수가 잘 보존되는 유일한 이유가 바로 매혹적인 호수의 영혼 덕분이라고 생각했던 것도 무리가 아니다. 말장난이기는 하지만, 제법 그럴듯한 생각이다.

네스호
Loch Ness

고함치는
호수

● 스코틀랜드의 북쪽에는 신비로운 호수인 네스호가 있다. 이 호수는 신비로운 거주자인 네스호의 괴물 덕분에 전 세계에 잘 알려진 호수인데, 현지어로는 '로치loch'라고 불린다. 로치는 켈트족 언어로 '호수'라는 뜻이다.

과학자들로부터 괴물 애호가들에 이르기까지 전 세계 사람들은 네시Nessie의 모습을 살짝이라도 보려고 네스호를 방문한다. 심지어 이 짐승이 진짜라는 것을 최종적으로 증명하기 위해 네스호를 찾는 사람도 많다.

하지만 네시가 진짜일까? 그것은 이 책에서 다룰 분야는 아니다. 영국에서 가장 큰 호수나 수역은 아닐지 몰라도, 이 호수는 믿을 수 없을 정도로 수심이 깊다. 가장 깊은 지점은 230m에 이른다. 많은 사람들이 이 깊은 물속에 무언가가 숨어 있을 거라 확신하고 있는 것도 이 때문이다.

아무튼 여기서는 네스호의 명칭에 대해 설명하려고 한다. 네스호는 단순히 네스강River Ness의 이름을 따서 붙여진 것이다. 네스강의 명칭은 '고함치는 것'을 의미하는 켈트족 단어에서 유래한 것으로 생각된다. 이 포효는 물소리와 관련이 있는 것 같다. 사실 물소리와 관련이 있는 것이 아니라 물속에 숨어 있는 고대 생명체가 내는 굉음과 관련이 있을 수도 있지만, 이는 확실하지 않다.

네스호라는 명칭의 유래에 관한 또 다른 가설이 있다. 이는 포효와 관련이 있기도 하지만, 물의 포효나 신화 속 생물의 포효는 아니다. 호수의 물이 불어나기 시작한 폭풍 속에서 도망쳐야 했던 지역 주민들의 아우성과 관련이 있다.

이 이야기에 따르면 사람들은 "타 로치 니스 안, 타 로치 니스 안!Tha loch 'nis ann, tha loch 'nis ann!"이라고 외쳤는데, 이것은 영어로 말하면 "지금 저기 호수가 있다. 저기에 호수가 있다!"라고 번역된다. 그리고 이 외침의 로치 니스loch 'nis 부분이 '로치 네스Loch Ness'라는 이름이 되었다는 것이다.

피그스만
Bay of Pigs

트리거피쉬가 있는
포구

● 피그스만은 역사적으로 미국의 침공 작전이 실패한 장소로
더 잘 알려져 있을지 모르지만, 무엇보다도 이곳은 섬나라 쿠
바의 수역이다. 하지만 이 명칭을 구성하는 두 부분은 모두 거
짓이다. 첫째, 이곳은 실제로는 '만灣'이라기보다 '포구'에 가깝
다. 둘째, 피그스만에서 돼지를 찾을 수 없다. 최소한 우리가 흔
히 생각하는 코가 납작하고 꼬리가 꼬부라진 돼지는 보이지 않
는다.

이 만의 스페인어 명칭은 '바이아 데 로스 코치노스Bahía de los
Cochinos'이고, 여기서 첫 부분인 바이아Bahía가 '만'을 의미한다.
이 스페인어 명칭의 마지막 단어인 '코치노스Cochinos'는 스페인
어로 '돼지'라는 의미도 있지만, 쿠바 근해에서 발견되는 물고
기의 한 종류이기도 하다. 영어로는 '트리거피쉬triggerfish(파랑쥐
치류에 속하는 열대어)'라고 알려져 있다.

하지만 왜 스페인 사람들이 어류인 이 물고기와 포유류인 돼
지에 같은 이름을 사용하는지는 잘 모르겠다. 트리거피쉬의 작
은 입이 돼지의 코처럼 납작하게 생긴 것과 관련이 있다고 추

측될 뿐이다.

어느 쪽이든 피그만의 피그는 돼지보다는 이 물고기들과 더 관련이 있다고 생각된다. 이 만의 이름을 영어로 번역하면 '트리거피쉬만'이 더 적합할 것 같지만, 이는 '피그만'만큼 재미를 주지는 못한다.

나일강
River Nile

넓고 중요한
유일한 강

● 지구상에서 두 번째로 긴 나일강은 길이가 6,700㎞ 정도로 10개국을 지나서 흐른다. 이 강과 가장 관련이 있는 나라는 물론 이집트이다. 비옥한 강변의 땅 덕분에 고대 이집트인들은 먹을 곡식은 물론 바구니와 밧줄, 그리고 무엇보다도 종이를 제작할 수 있는 농작물의 재배가 가능했다.

이에 힘입어 이집트는 놀라운 문명을 탄생시켰다. 나일강은 매년 강을 범람시키는 책임을 관장했던 이집트의 신 '하피Hapi'로부터 나일강을 따라 떠내려가는 아기 '모세Moses'에 이르기까지 종교에서도 중요한 역할을 해왔다. 아마도 나일강은 지구상에서 가장 유명한 강일 것이다.

나일강은 지구에서 매우 중요한 강이기도 하다. 많은 사람들이 '나일'이라는 이름이 단순히 '강'을 의미한다고 생각한다. 즉, '강'을 뜻하는 셈족의 언어인 '나할nahal'에서 유래했다는 것이다. 나할은 나일의 정확한 어원이다.

그러니까 '나일강'이라고 말하면 '강강'이라고 말하는 것이다. 이는 동음이의어인 지명이다. 같은 단어가 두 번 반복되지만 다른 언어로 된 지명인 것이다. 하지만 왜 이 강이 그냥 강이라고 불리는지는 이해가 된다.

고대 이집트인과 다른 고대인들에게 이 강은 매우 넓고 중요했을 것이다. 그들이 알고 있거나 보았을 유일한 강이었을 가능성이 크기 때문에 더 명확한 명칭이 필요하지 않았을 것이다. 왜냐하면 비교하거나 혼동할 만한 다른 강은 주변에 없었을 것이기 때문이다. 그냥 강이라고 말해도 사람들은 나일강을 말하고 있음을 알았을 것이다!

하지만 고대 이집트인들이 그 강을 '나일강'이라고 부르지는 않았을 것으로 생각된다. 대신 그들은 그들의 언어로 된 강이라는 단어를 사용했을 것이고, 그것은 아마도 '이테루iteru'였을 것이다. 이 고대 언어는 콥트어로 대체되었고, 콥트어로는 '피아로piaro'가 강을 의미하기 때문에 이것이 강의 이름이 되었을 것이다.

이집트인들의 가장 유명한 언어 형태는 상형문자였고, 강의 상형문자는 깃이나 깃털, 그 위에 반원이 있는 타원형, 새, 그리고 세 개의 지그재그 선들이 서로 이어졌던 것으로 생각된다.

　간단한 묘사로는 이 문양들을 제대로 설명하기 힘들다. 다만, 다행히도 기술의 힘을 통해 이러한 상징들을 보여줄 수는 있다! 오디오북 청취자들에게는 어렵겠지만 말이다.

The Origin of Names,
Words and Everything in Between
Volume II

7

식물
Plants

"

우리 지구의 모습을 담은 어떤 사진이든
파란색과 초록색 두 개의 지배적인 색깔이 보인다.
파란색은 방금 이야기한 환상적인 물에서 비롯된다.
그리고 초록색은 이 행성의 멋진 식물들로부터 나온다.

식물의 종류는 어마어마하게 다양하다.
이 책은 식물 분야를 두 개의 장에 걸쳐서 다루고 있다.
우선은 우리가 사랑하는 사람들에게 주는 꽃이나
식물처럼 녹색 왕국의 작은 것에 집중해 보자.

여기서는 지구상에서 가장 잘 알려진 식물들이나
조금은 생소한 식물들의 명칭을 밝히고자 한다.

"

데이지
Daisy

낮에만 볼 수 있는
'낮의 눈'꽃

● 수수한 데이지꽃은 꽃의 세계에서는 사실 그리 큰 존재감이 없다. 왜냐하면 다른 꽃들만큼 예쁘거나 화려하지 않기 때문이다. 하지만 수수하고 단순한 모양은 많은 사람의 마음과 눈에 어느 정도 전형적인 모양의 꽃으로 각인되어 있다. 눈 이야기가 나와서 하는 말인데, 데이지라는 이름은 실제로 '눈eye'과 관련이 있다.

데이지는 고대 영어 어근을 지닌 꽃 이름이다. 고대의 영어 단어 '데지스dæges'와 '이지eage'의 합성어로, 현대 영어로 말하

125   7. 식물 Plants ●

면 '낮의 눈day's eye'을 의미한다. 지금 보니 데이지라는 현대식 이름은 완전히 '낮의 눈'처럼 들린다.

하지만 데이지가 왜 '낮의 눈'일까? 우선 데이지를 보자. 하얀 꽃잎들이 가운데 노란색 원형을 둘러싼 모양이기 때문에 눈 모양을 많이 닮았다. 어떻게 보면 만화에 나오는 눈동자처럼 보인다.

사람의 실제 눈이 눈동자 없이 그저 하얗고 노랗다고는 생각하지 않는다. 그런데 왜 이 눈은 '낮'에 속할까? 이 꽃은 낮에는 활짝 피었다가 밤이 되면 다시 오므라들기 때문이다. 낮에만 눈처럼 보이는 것이다. 그래서 '낮의 눈'이다.

고급스러운 라틴어 명칭인 '벨리스 페레니스Bellis perennis'는 각각 '예쁘다'와 '영원하다'라는 의미이다. 이는 이 꽃이 예쁠 뿐만 아니라 꽤 튼튼하고 생명력도 강하기 때문이다.

파리지옥풀
Venus Flytrap

**아름다운
파리잡이**

● 식물은 눈이나 뇌와 같이 중요한 기관은 없지만 우리처럼 살아 있는 존재이다. 특히 눈에 띄게 살아 있어 보이는 식물 중

하나가 파리지옥풀이다. 작은 곤충들을 끌어들여 삼켜버리는 입처럼 생긴 잎들을 지녔기 때문에 붙여진 명칭이다!

『흡혈 식물 대소동』과 『슈퍼마리오의 피라냐 식물』 등 많은 소설 작품이 이 식물에서 영감을 받은 것은 그리 놀라운 일이 아니다. 살을 파먹는 식물이 존재한다고 생각해 보라! 다행스럽게도, 이 식물은 아직 인간을 좋아하지는 않는다.

이 식물의 영어 명칭인 '비너스 플라이트랩Venus Flytrap'에서 파리지옥flytrap(파리잡이)이라는 부분은 굳이 따로 설명할 필요도 없을 것이다. 단지 파리만이 아니라 훨씬 더 많은 곤충을 먹잇감으로 삼고 있지만 말이다. 이 식물의 위에 들어가게 된 곤충들에게는 안타깝지만 이것이 공정한 삶의 방식이다. 명칭에서 '비너스Venus' 부분은 신화에서 나온 것이 분명하다.

비너스는 사랑과 미의 여신으로 로마식 이름은 '베누스'이고, 그리스식 이름은 '아프로디테Aphrodite'이다. 이 괴물 같은 식물에 이렇게 아름다운 존재의 이름을 따서 붙인 것은 식물 자체로서는 모양이 꽤 예쁘기 때문이다. 이 식물은 예쁜 모습으로 곤충들의 방문을 유도하고, 이 곤충들은 자신도 모르게 이 식물의 저녁거리가 된다!

대나무
Bamboo

● 다음 장을 미리 들춰본 사람이라면 왜 여기서 대나무를 소개하고 있는지 궁금할 것이다. 나무처럼 보이고 나무처럼 사용되는 경우가 많지만, 대나무는 엄연히 풀의 한 종류이다. 대나무는 지구 전역에서 자라지만 아시아, 특히 중국 및 일본과 관련이 깊다.

보편적으로 인정받는 식물이지만 그 명칭의 유래는 확실하지가 않다. 하지만 다행히도 이에 대한 몇 가지 이론이 있다. 대나무는 아시아 언어에서 나온 단어가 유럽식으로 변형된 것으로 추정된다.

하지만 그 유럽 언어와 아시아 언어가 정확히 무엇인지에 대해서는 공감대가 없는 것 같다. 일반적으로 인정되기로는 원래 그것이 유럽의 스페인어나 포르투갈어에 의해 변형된 아시아의 말레이어 단어라는 것이다.

말레이에서 이 단어는 유럽인들이 뱀부bamboo(대나무)라고 변형하기 전에 '맘부mambu'였다. 하지만, 말레이어로도 뱀부bambu로 읽히며 의성어인 어원을 가지고 있다.

대나무는 불을 붙이면 속이 텅 비어서 '뱀부'라는 소리가 난다. 확인해 볼 수 있는 사람은 직접 확인해 봐도 좋을 것이다. 나에게는 당장 불을 붙일 대나무가 없지만 말이다.

알로에 베라
Aloe Vera

모든 것을 치료할 수 있는
유일한 식물

● 약국이나 화장품 가게에 가면 틀림없이 이 식물의 명칭이 적힌 연고가 보일 것이다. 거기에는 그럴 만한 이유가 있다. 알로에 베라는 놀라운 약효를 지닌 식물이기 때문이다. 피부를 깨끗하고 촉촉하게 유지해 주며, 속쓰림 해소에도 도움을 주고, 천연 설사약으로도 사용된다.

이 식물과 그 잎에서 발견되는 풍부한 젤 성분은 사용처가 엄청나게 많다. 하지만 안타깝게도 인체가 직면한 모든 병을 치료할 수 있는 효능을 지닌 것은 아니다. 그럼에도 옛날 사람들은 알로에 베라가 모든 병을 낫게 할 수 있다고 생각했다.

고대 이집트인들은 알로에 베라를 '불멸의 식물'이라고 불렀다. 고대 그리스인들은 이 꽃이 모든 질병을 치료할 수 있는 만병통치약이라고 생각했다. 이 명칭을 구성하는 단어들은 모든 것을 치료할 수 있다는 이러한 생각을 반영하고 있다. 알로에 베라는 상위 개념인 알로에과의 일부이다. 즉, 이 명칭의 첫 부분은 알로에과를 나타낸다.

알로에aloe라는 단어가 아랍어인 '알로에흐alloeh'에서 유래되었다는 이론이 있다. 이는 이 식물의 젤 부분인 '빛나는 쓴 물질'을 의미한다는 것이다. '베라vera' 부분은 라틴어에서 왔고 '진실'을 의미한다.

'진실'이라고 명명한 것은 알로에 베라가 알로에과 식물 중 가장 진정한 형태의 알로에이기 때문이다. 또한 이 진실함은 그 치유적인 특성과도 관련이 있다고 본다. 모든 것을 치유할 수 있는 하나의 진정한 식물인 것이다!

알로에 베라는 또 다른 명칭인 '베로니카Veronica'와도 관련이 있다. 베로니카라는 명칭은 라틴어 단어 '베라 아이콘vera icon'에서 유래했다는 것인데, 이는 '진정한 모습true image'이라는 의미이다.

이 진정한 모습이란 여성의 베일에 나타난 예수의 모습이다. 이 어원은 알로에 베라의 '베라'와 베로니카를 만든 '베라'가 하나이고 동일하다는 의미이다. 말장난인 것 같아서 유감이긴 하지만, 만약 그 어원이 사실이라면 말이다.

몬스테라 델리시오사
Monstera Deliciosa

엄청나게 자라는
괴물 식물

● 이 식물은 야생이나 아름다운 정원이 아니라 누군가의 거실에 놓여 있는 화분에서 발견되는 일이 더 많다. 몬스테라 델리시오사가 흔한 종류의 실내식물이기 때문이다.

하지만 실내식물 전문점에서는 이처럼 멋진 라틴어 명칭의 식물을 찾아보기가 어려울 것이다. 그럼에도 이 명칭이 이 식물을 쉽게 이해할 수 있도록 해준다.

이 명칭의 첫 번째 단어는 분명히 '괴물monster'을 의미한다. 이는 이 식물이 엄청난 크기로 자라기 때문이다. 이 식물은 무려 9m까지 자랄 수 있다! 뒤에 붙어 있는 단어는 '맛있는delicious'이라는 의미이다. 이 식물의 열매는 덜 익었을 때 먹으면 떫고 목도 간질간질하지만, 제대로 익은 것은 기가 막히게 맛이 있다!

하지만 앞서 밝혔듯이, 이 식물은 몬스테라 델리시오사라는 이름으로 판매되지 않는다. 그 대신 스위스 치즈 플랜트Swiss cheese plant라고 불리는 것을 볼 수 있다. 스위스 치즈는 맛있지만, 불행히도 이 식물의 열매는 치즈 맛이 나지는 않는다.

만약 치즈 맛이 난다면 채식주의자들은 쾌재를 부를 것이다.

사실 스위스 치즈 플랜트는 맛이 아니라 모양 때문에 얻은 명칭이다. 이 식물의 잎은 구멍이 숭숭 나 있어서 만화에 나오는 쥐들이 좋아서 사족을 못 쓰는 치즈처럼 보인다. 그래서 이러한 유제품 명칭이 붙은 것이다.

산세베리아
Mother-in-Law's Tongue

장모(시어머니)의
혀를 닮은 식물

● 우리 사회에서는 장모나 시어머니에 대한 이미지가 좋지 않은 경우가 많다. 또한, 많은 농담의 대상이기도 하다. 심지어 이들과 관련된 농담에 대한 위키피디아 설명을 보면 이들은 몹시 고압적이고, 거칠고, 그리고 못생긴 사람으로 묘사되어 있다!

사실 장모(시어머니)의 성격은 사람에 따라 천차만별이다. 처가(시댁) 식구들과 사이가 안 좋은 경우도 많겠지만, 그렇지 않은 사람들도 많을 것이라고 확신한다. 하지만 우리 사회에는 장모(시어머니)에 대한 고정관념이 자리잡고 있으며, 심지어 '장모(시어머니)의 혀'라는 명칭이 붙은 식물까지 등장했다.

이 화초는 인기가 아주 좋다. 이 식물을 보면 잎 모양이 아주 날카롭다는 것을 알 수 있다. 이 잎들이 '장모(시어머니)의 날카로운 혀'를 연상시킨다는 이유로 그러한 명칭이 붙은 것이다.

'장모(시어머니)의 혀'가 이 식물이 지닌 유일한 명칭이 아니라는 점도 언급할 만하다. 이 화초는 또한 '스네이크 플랜트snake plant' 혹은 '성 조지의 검Saint George's Sword'이라는 명칭으로도 알려져 있다. 둘 다 날카로운 잎 때문에 붙은 명칭이다.

코스모스
Cosmos

완벽한 조화와
균형을 이루는 꽃

● 많은 사람들이 이 단어에서 경이로움을 느낄 것이다. 코스모스는 밤하늘, 별똥별, 먼 곳의 행성, 그리고 모험심을 부추기는 장엄한 성운의 이미지를 쉽게 떠올리게 해준다. 분홍색에서 주황색까지 색깔도 다양한 작은 꽃이어서 다른 이미지도 떠오를 수 있다.

코스모스는 밤하늘을 가리키는 용어(우주)일 뿐만 아니라 꽃의 한 종류이기도 하다. 도대체 이 둘 사이에는 어떤 연관성이 있을까?

그렇다. 놀랍게도 분명 연관성이 있다! 우주의 이름이나 꽃의 한 종류이기 이전에 원래 '균형', '질서', '조화'를 의미하는 그리스어 단어 '코스모스kosmos'였다. 그리스 철학자 피타고라스(맞다. 수학 시간에 그토록 싫어했던 바로 그 사람이다.)가 이 단어를 처음으로 우주와 지구에 적용한 것으로 알려졌다. 그는 우주가 완벽한 균형을 이루고 있다고 믿었고, 그래서 이 단어를 적용한 것이다.

어느 순간, 이 단어의 처음 철자는 K가 아닌 C로 바뀌기 시작했다. 스페인 탐험가들은 이 꽃을 처음 본 원산지인 멕시코에서 철자를 C로 시작했다. 그들이 스페인으로 돌아왔을 때 성직자들은 이 꽃에 깊이 매료되었다. 고르게 배열된 꽃잎들을 보고 감동한 것이다.

심지어 꽃잎들은 서로 완벽한 조화 혹은 균형을 이루고 있다고 말할 수도 있다. 이 같은 조화가 이 꽃에 코스모스라는 명칭이 적용된 이유였다.

균형과 조화를 뜻하는 이 그리스어는 꽃 이름에서만 볼 수 있는 것은 아니다. '화장품cosmetic'이라는 단어도 여기서 유래했다. 이는 아름다움과 연결되고, 무언가를 더 아름답게 보이게 해야 하는 것에 대한 단어이다. 화장품은 사람들을 더 매력적으로 보이도록 하는 용도를 지녔다.

성형수술cosmetic surgery도 마찬가지이다. 원래 그리스어는 '균형과 조화'를 의미하지만, 어떻게 이것이 아름답다는 의미에도 적용되었는지는 그리 놀라운 일이 아니다. 우리는 종종 우주나 심지어 이 꽃들과 같이 균형 잡히고 완벽한 것들을 아름답다고 여긴다.

산톱풀
Sneezewort

재채기를 유발하는
이로운 풀

● 산톱풀의 영어 명칭은 '스니즈워트sneezewort(재채기풀)'라고 하는데, 식물학책이 아닌 어떤 동화책에서 나온 것 같다. 마녀가 부글부글 끓는 가마솥에 후춧가루를 뿌리는 것처럼 들린다. 하지만 장담하건대 이는 진짜 식물이다.

산톱풀은 구어체 명칭이고, 원래의 학명은 화려한 라틴어 '아킬레아 프타르미카achillea ptarmica'이다. 첫 부분은 그리스 신화 속의 영웅 '아킬레우스'를 지칭하고, 뒷부분은 '재채기 유발'을 의미한다.

이는 참으로 적절한 명칭이다. 실제로 재채기와 관련이 있기 때문이다! 이 식물의 꽃은 어떤 사람들에게는 재채기를 일으키는 독특한 톡 쏘는 냄새를 풍긴다. 따라서 이 식물의 명칭은 제법 정당하다고 할 수 있다.

그러면 '워트wort(풀)'는 무엇일까? 이는 많은 식물 명칭에 흔히 따라붙는 요소이다. 식물의 껍질과는 아무 관계가 없다. 이 단어는 부정관사인 'a'를 동반한다. 워트wort는 식물을 뜻하는 단순한 고대 영어이며, 'wyrt'에서 유래된 것이다.

흥미로운 점은 이로운 것으로 여겨지는 식물들에는 '워트wort'라는 명칭이 붙고, 쓸모없거나 독초로 분류되는 것들에는 '위드weed(잡초)'라는 명칭이 붙는다는 것이다. 좋은 식물을 뜻하는 단어에 워트wort가 붙는 관행은 유행이 지났을 수도 있지만, 잡초에는 여전히 위드weed가 붙는 경우가 많다.

그렇다면, 산톱풀은 여전히 이로운 식물로 여겨진다는 의미일까? '재채기'는 나름 이로운 것이다. 하지만 '재채기잡초sneezeweed'라고 해서 어감이 안 좋은 것 같지는 않다.

머니 플랜트
Money Plant

돈이 열리는 화초

● '돈은 나무에서 열리지 않는다'라는 옛말이 있다. 불행히도 이는 사실이지만, 돈이 열린다는 명칭을 지닌 식물이 실제로 있다면 어떨까?

겉으로 보기에 돈 꽃이나 돈 덤불은 아니지만, '머니 플랜트' 라는 식물이 있다! 하지만 너무 흥분하지는 말자! 그 명칭과는 달리 머니 플랜트에서는 어떠한 돈도 열리지 않는다.

이 화초는 잎이 돈처럼 생겼다는 단순한 이유로 인해 머니 플랜트라는 이름을 얻었다. 얼핏 보면 이 식물의 잎은 결코 황금빛이거나 돈에 등장하는 인물의 얼굴을 가지고 있지 않다. 하지만, 둥글고 두꺼운 모양이 조금은 동전을 연상시킨다.

이는 '제이드 플랜트jade plant(염자)'라고도 알려져 있는데, 여기서 '제이드jade'는 보석류인 '옥'을 의미하므로 이는 '머니 플랜트'라는 명칭과도 관련이 있다. 잎이 동전과 모양이 비슷함은 물론 고대 중국의 옥 동전과도 비슷하다.

그 덕분에 이 식물을 잘 키우면 주인은 경제적으로 번창할 것이라는 예언이 시작되었다. 이 이야기를 들으면 머니 플랜트가 큰 인기를 얻게 된 이유를 쉽게 짐작할 수 있을 것이다.

___

난초
Orchids

한 쌍의 구근에서
자란 풀

● 난초는 지구상에서 가장 매력적이면서 사람들의 사랑을 받

는 꽃 중 하나이다. 하지만 그 영어 명칭은 그다지 매력적이지 않다. 이렇게 예쁜 꽃의 이름은 어디서 왔을까? '일몰sunset'일까? '무지개rainbow'일까? 아니면 '강아지puppies'일까?

난초는 이러한 명칭들에서 따온 것이 아니다. 실은 그리스인들이 남성의 다리 사이에 있는 기관인 '고환testicle'을 의미하던 '오르키스órkhis'에서 그 이름을 따서 만들었다. 그렇다. 난초는 '음낭(불알)'에서 따온 명칭인 것이다.

이게 대체 어떻게 된 일일까? 이는 꽃 그 자체와는 아무런 관계가 없고 땅 밑에서 일어나는 일과 더 관련이 있다. 난초는 혹독한 환경에서 살기 위해 물과 영양분을 저장할 수 있는 구근(뿌리덩어리)에서 자란다. 감자도 이러한 구근의 한 종류이다.

난초의 구근은 한 쌍으로 이루어져 있고 작고 둥글기 때문에 그 모양이 마치 남성의 '그것'을 연상시킨다. 그래서 이 예쁜 꽃은 결국 이 같은 짓궂은 이름을 갖게 되었다.

이 이름이 지나치게 외설적이라고 생각하는가? 그렇다면 이 식물의 명칭이 중세 영어로는 무엇이었는지 아는가? 굳이 말하자면, 그것은 '불알풀bollockwort'이었다.

The Origin of Names,
Words and Everything in Between
Volume II

8

나무

Trees

"

우리 지구상의 식물군은
예쁜 초록이나 우아한 꽃들보다 훨씬 더 큰 개념이다.
지구에서 가장 중요한 식물 중 하나는 나무일 것이다.
나무는 지구의 폐(허파)와 마찬가지이다.
나무가 산소의 대부분을 만들어내기 때문이다.

나무들의 멋진 점은 우뚝 솟은 거대한 나무에서부터
정원에 가득한 작은 나무에 이르기까지
어마어마하게 다양한 종류가 있다는 것이다.

잘 알려진 사랑받는 나무에서부터 아주 기괴한 나무까지
다양한 나무들을 다뤄보고 싶다.
이제 나무들의 어원의 근원을 찾아보기로 하자!
이번 장에서만큼은 말장난도 약간 곁들이려 한다.

"

세쿼이아
Sequoia

**세코야를
기리는 나무**

● 지구에서 가장 큰 종류의 나무로 시작해 보자. 세쿼이아는 정식 명칭인 '자이언트 세쿼이아Giant Sequoia'를 줄인 명칭이다. 그런데 이 명칭에서 '자이언트'라는 부분을 따로 설명할 필요는 없을 것이라고 확신한다.

이 나무들은 키가 헤아릴 수 없을 정도로 클 뿐만 아니라 수령이 헤아릴 수 없을 정도로 오래되어 수천 년에 이른다. 또한, 나무의 키는 매우 크지만, 자연적으로 특정한 지역에서만 자란다. 야생에서는 캘리포니아주 시에라네바다 산맥의 서쪽 경사

면에서만 발견된다.

미국이 원산지인 세쿼이아는 그 명칭도 미국에서 유래했다. 이는 '세코야Sequoyah'라고 불리는 아메리칸 인디언 체로키족의 한 사람이름에서 따온 것으로 알려졌다. 그런데 왜 이 특정한 인물의 이름을 딴 것일까?

그는 체로키족에서 중요한 역할을 했다. 혼자서 체로키어를 위한 읽고 쓸 수 있는 문자 체계를 만들어낸 것이었다. 믿을 수 없을 정도로 인상적이라고 다들 동의할 것이다.

하지만 문자를 창제한 것이 이 나무와 무슨 관계가 있을까? 솔직히 말해서 큰 관계가 있는 것은 아니다. 이 원주민을 기리고자 독일계 오스트리아 식물학자 스테판 엔들리셔가 나무의 명칭을 세쿼이아로 지은 것이다. 스테판 엔들리셔는 언어학도 전공한 학생이었다.

식물학자와 언어학자라고? 엔들리셔의 삶이 제법 대중적인 스타일이었음은 확실하다. 그는 이 거대한 미국 나무를 연구했고, 그것이 독특한 종이라는 결론에 이르렀다. 그러자 미국 역사에서 위대한 인물의 이름을 붙여서 이름을 짓고 싶었다. 그가 언어학을 전공한 학생이었다는 점을 고려하면 그가 명칭을 붙인 미국의 역사적 인물이 언어의 세계와 관련이 있다는 것이 논리적이다.

세쿼이아라는 명칭은 다른 면에서도 이 나무와 잘 어울린다.

이 명칭은 '따라간다'를 의미하는 라틴어 '세쿠이sequi'와 관련 있는 것으로 볼 수 있다. 그 씨앗이 같은 과에 속하는 다른 나무와 계통적 흐름에 유사하기 때문이다. 하지만 확실하지는 않더라도 체로키 문자와 관련이 있다는 이야기가 훨씬 더 재미있는 것 같다. 다들 같은 생각일 것이라고 확신한다.

이 나무는 다른 명칭들도 가지고 있다. 가장 많이 알려진 것은 자이언트 레드우드(삼나무)이다. 아메리카의 초기 스페인 정착민들도 이 명칭으로 불렀다. 물론 그들의 토착 스페인어로는 '팔로 콜로라도Palo colorado'였다.

파우브라실리아
Paubrasilia

**빨간 염료를
만드는 나무**

● 포르투갈의 탐험가들이 남미를 탐험하는 동안 이 나무를 발견했다. 그들은 즉시 이 나무를 아시아에서 발견된 '소방목Sappanwood'의 친척으로 인식했다. 소방목은 유럽인들에게 중요한 용도를 지니고 있었다. 붉은 염료가 생산되었기 때문이다. 말 그대로 마을을 붉은색으로 칠할 수 있다는 것을 의미했다.

소방목과 관련된 이 새로운 나무 역시 빨간 염료를 만드는

데 사용될 수 있다는 것을 의미했다. 갑자기 빨간색의 새로운 원료가 발견된 것이었다. 포르투갈인들은 지체 없이 이 새로운 나무에 '파우브라실리아paubrasilia(브라질나무)'라는 명칭을 붙였다. 빨간색/오렌지색(주황색)을 뜻하는 단어에서 유래한 명칭이었다.

이 나무는 포르투갈인들에게 대단히 중요한 것이어서 마침내 그들의 남미 영토에도 이 이름을 따서 명명했다. 처음에는 파우브라실리아의 땅이라는 의미로 '테라 도 브라실Terra do Brasil'이라고 불렀다.

이 명칭은 최종적으로 브라질로 단축되었다. 브라질이라는 국가 명칭은 이렇게 생겼다. 이 나무는 현재 브라질우드 brazilwood라고도 알려져 있다. 만약 이 이야기를 먼저 꺼냈다면 이는 나무의 명칭이 아니라 국가의 명칭 부분에서 소개되었을 것이 분명하다.

시카모어
Sycamore

**뽕나무 잎을 지닌
무화과나무**

● 이 명칭은 다양한 나무에 적용되어 왔다. 그중 가장 인기 있

는 종류의 나무는 '에이서 주도플라타너스Acer pseudplatanus'이다. 영국식 영어로는 시카모어로 알려져 있지만, 미국식 영어로는 '시카모어 메이플Sycamore Maple'로 불린다.

하지만 이 명칭을 지닌 최초의 나무는 아프리카와 중동의 토착종인 '피쿠스 시코모루스Ficus sycomorus'였다. 이 나무에는 무화과가 열렸는데 무화과를 '시콘sykon'이라고 불렀던 고대 그리스인들이 명칭을 붙였다. 이 명칭의 앞부분 '시카syca'에 대한 설명이 될 것이다. 그러면 뒷부분인 '모어more'는 어디에서 온 것일까?

다행히도 이에 대해서는 설명할 말이 많다! 약간의 말장난도 포함된다. '모어'는 '멀베리mulberries'라고도 알려진 뽕나무속morus genus에서 유래했다. 무화과나무의 잎이 뽕나무의 잎과 모양이 비슷했기 때문에 뽕나무의 명칭을 따온 것이다. 그래서 시카모어는 '뽕나무 잎을 지닌 무화과나무'를 의미한다. 또한, 그 열매와 다른 종류의 나무 명칭을 딴 나무임을 의미한다.

더욱 혼란스러운 것은 이 명칭이 다른 모양의 잎을 가지고 있고, 심지어 무화과도 맺지 않는 다른 나무들에 적용되었다는 것이다. 모두 어리석고 혼란을 초래하는 일이다. 이는 확실하다. 더 이상 논란의 여지도 없다. '노 모어 시카모어 토크no more sycamore talk'.

원숭이 퍼즐 나무
Monkey Puzzle Tree

원숭이를 어리둥절하게
만드는 나무

● 이 상록수는 칠레 소나무(삼나무)라는 좀 더 평범한 명칭을 가지고 있다. 칠레가 원산지인 소나무의 일종이기 때문에 붙여진 명칭이다. 하지만 영국에서는 '원숭이 퍼즐 나무'라는 명칭으로 통한다.

이 명칭을 설명하는 데 사용할 수 있는 단어가 하나 있다. 그것은 '퍼즐'이다. 왜 이 나무의 명칭을 원숭이를 따서 지었는지는 이해할 수 있다. 왜냐하면 원숭이가 이 나무를 휘젓고 다니는 모습을 자주 볼 수 있기 때문이다.

이 나무의 또 다른 명칭은 '원숭이 꼬리 나무monkey tail tree'이다. 이 나무의 가지가 긴팔원숭이나 흰목꼬리감기원숭이와 같은 원숭이의 꼬리를 연상시키기 때문이다. 이 나무들은 칠레에서 기원했지만, '원숭이 퍼즐'이라는 명칭은 영국의 발명품이다.

이 명칭에는 간단한 사연이 하나 있다. 사연의 나무는 1850년에 영국 해안에 온 것으로 추정된다. 식물학에 관심이 있었던 정치인 윌리엄 몰스워스가 그 표본을 구입했고, 몰스워스는 최근 구입한 이 나무를 자랑하고 싶었다. 그래서 친구들을 집으로 초대해서 이 외국산 나무를 구경시켜 주었다. 원숭이 퍼즐 나무는 가지가 산발적으로 나 있고 잎은 날카롭고 뾰족했다.

분명히 그것들은 평범한 종류의 나무는 아니었다. 이러한 기괴한 잎과 가지들을 본 몰스워스의 손님 중 한 명이었던 찰스 오스틴은 원숭이가 그 나무에 오르는 방법을 알아내려고 애쓰는 모습을 설명하면서 "이 나무가 원숭이들에게 혼란을 줬을 것"이라고 말했다.

몰스워스는 나무에 대한 친구의 반응에 큰 흥미를 보이면서 이 괴상한 발언에 경의를 표하기로 결심했다. 처음에 이 나무를 '원숭이 퍼즐러monkey puzzlers(원숭이를 어리둥절하게 만드는 나무)'라고 불렀고, 이후 '원숭이 퍼즐'로 줄였다.

—

조슈아 트리
Joshua Tree

**여호수아를
닮은 나무**

● 이 나무를 선정한 것은 이 책을 읽는 U2(아일랜드의 록 밴드. 1987년 발매한 〈The Joshua Tree(조슈아 트리)〉가 유명하다.) 팬들을 위한 것이지만, 이 나무의 어원은 유감스럽게도 이 밴드와는 아무런

관련이 없다. 사실 이 나무는 전혀 나무가 아닐 수도 있다.

이 나무의 명칭은 종교에서 유래했다고 생각된다. 이 나무는 미국 남서부에서만 발견되는데, 전설에 따르면 19세기 중반에 모르몬교도 정착민들이 이 땅을 탐험하고 있었다고 한다. 그들의 눈에는 이 나무의 가지가 팔을 하늘로 뻗은 것처럼 보였고, 이를 본 몰몬교도들은 성경에 나오는 '여호수아Joshua'의 모습을 떠올렸다고 한다.

여호수아 8장 18절에 따르면, 이스라엘의 자손들이 정복 전쟁을 펼치는 동안 그들을 인도하기 위해 여호수아가 하늘을 향해 팔을 크게 벌리고 있었다고 한다. 이 나무는 그들에게 이러한 그의 행동을 상기시켰고, 그래서 그의 이름을 따서 나무의 명칭을 정했다. 이는 단지 하나의 가설일 뿐이고 그저 옛날이야기일 수도 있다. 그래도 재미있는 이야기이기는 하다.

이 나무의 더 잘 알려진 공식 명칭은 '유카나무'이다. 유카나무속에 속하기 때문이다. 하지만 이 명칭은 혼란을 준다. 역시 유카라는 명칭으로 알려진 '카사바cassava'와 혼동되기 때문이다. 이 명칭도 실은 이러한 이유로 조슈아 트리에 잘못 붙여진 것이다. 우리는 실제로는 유카가 아닌 나무를 유카라고 부르고 있는 것이다. 그리고 유카라는 명칭을 사용하지 않는 유카들도 앞서 말했듯이 혼란을 준다.

위핑 윌로우
Weeping Willow

물 근처에서
우는 나무

● 걱정할 것 없다. '수양버들'의 영어 명칭인 '위핑 윌로우'는 '위핑weeping(우는)'이라는 명칭이 붙어 있지만 실제로 이 나무가 우는 것은 아니다. 단지 명칭일 뿐이다. 나무가 운다면 정말 끔찍한 광경일 것이다.

가지가 길게 늘어진 이 나무를 보면 사람들이 왜 이를 보고 울고 있다고 생각하는지 쉽게 알 수 있다. 수양버들은 음산한 분위기를 풍기고 있으므로 이러한 명칭은 어쩔 수 없어 보인다.

이 나무는 비가 올 때면 더욱 처량해 보인다. 비가 오면 빗물이 나뭇가지를 따라 눈물처럼 흘러내린다. 이 버드나무들이 '우는 나무'라고 알려진 이유는 바로 이러한 현상 때문이다.

이처럼 이 나무의 명칭은 설명하기 쉽다. 그렇다면 '윌로우willow(버드나무)'라는 단어는 어디에서 유래되었을까? 나무는 자연과 많은 연관이 있는 단어이다. 이는 잘 알려지지 않은 꽤 오래된 게르만 어원을 지니고 있다. 각각 고대 색슨어, 고대 네덜란드어, 현대 네덜란드어인 '윌기아wilgia', '윌게wilghe', '윌그wilg' 같은 단어들을 포함한다.

그것은 궁극적으로 '돌아가다/돌다'라는 뜻의 고대 단어에서 온 것으로 생각된다. 단지 추측일 뿐이지만, 꼬불꼬불한 모양을 한 줄기나 나뭇가지와 관련이 있을 수 있다.

버드나무를 뜻하는 우아한 라틴어는 '살릭스salix'이다. 이는 '물 근처'를 뜻하는 라틴어 단어에서 유래되었다. 많은 경우 이 명칭이 의미하는 바로 그 장소에 가면 버드나무를 쉽게 찾아볼 수 있을 것이다.

느릅나무
Elm

갈색에 가까운
적갈색 나무

● 느릅나무는 기묘하게 짧은 단어처럼 보일 수도 있지만, 이 단어의 아름다움은 흥미로운 어원이 '엘름Elm'이라는 세 개만으로 이루어진 철자 뒤에 숨어 있을 수 있다는 것이다. 느릅나무라는 단어가 바로 그런 경우다.

느릅나무는 '적갈색reddish-brown'을 의미하는 오래된 뿌리에서 유래한 것으로 생각된다. 이는 당연히 나무의 색깔과 관련이 있다. 확실히 갈색 쪽에 더 가까운 적갈색이지만, 그 안에 빨간색이 조금은 보이는 것 같다.

이 명칭에서 멋있는 것은 적갈색을 의미하는 이 오래된 단어에서 '엘크elk(큰 사슴)'라는 다른 명칭도 나왔다는 것이다. 생각해 보라. 엘크는 느릅나무(엘름)라는 단어와 발음이 엄청나게 비슷하고, 나무처럼 이 포유동물도 적갈색이다.

삼림지에 사는 이 생물에 대해 아주 멋지다고 생각하는 것이 또 있는데, '삼림지woodland'라는 단어 역시 같은 뿌리에서 유래된 명칭이라는 것이다. 만약 느릅나무 옆에서 엘크를 본 적이 있다면, 이제 이 두 가지가 처음에 생각했던 것보다 더 많은 공통점을 가지고 있음을 알게 될 것이다!

바오밥나무
Baobab

많은 씨앗의
아버지 나무

● 바오밥나무들은 거의 외계인처럼 보인다. 하지만 아프리카, 특히 마다가스카르섬의 토착종이다. 위에 나뭇가지가 흩어져 있는 나무의 크고 두꺼운 줄기는 확실히 볼만한 광경이다. 나뭇가지가 약간 뿌리처럼 보이고 실제 가지가 땅 아래에 있어서 심지어 '거꾸로 된 나무'라고도 알려져 있다.

이 거꾸로 된 이미지는 심지어 이 나무가 악마에 의해 뿌리째 뽑혀서 거꾸로 땅에 처박혔다는 전설까지 낳았다. 이외에도, 이 나무가 하느님의 첫 창조물 중 하나였고, 신을 계속 따라다니자 짜증이 난 하느님이 이를 집어 올려 머리부터 묻어버렸다는 이야기도 있다. 하지만 이 나무의 별칭은 실제의 명칭과는 관련이 없다.

바오밥은 아랍어에서 기원한 명칭이다. 처음에는 아랍어로 '많은 씨앗의 아버지'라는 뜻의 '아부 히바브abū hibāb'라는 명칭으로 불렸고, 세월이 흐르면서 이것이 '바오밥'이 되었다. 이 나무가 왜 이러한 명칭을 갖게 되었는지 이해하는 것은 쉽다. 이 나무가 거꾸로 묻혀 있고 약간 우스꽝스럽다는 전설이 있지만, 이 나무의 모습은 실제로는 정말 장엄하다.

이 나무를 '생명의 나무'라고 부르는 자료를 본 적이 있다. 이는 이 땅에서 가장 강력한 나무 중 하나라는 이미지를 풍긴다. 이 나무를 다른 모든 나무에 대한 아버지 나무라고 상상하는 것은 특히 고대 사람들에게 그리 지나친 일이 아니었다.

공식 명칭인 '아단소니아adansonia'는 그다지 신비로운 기원을 가지고 있지 않다. 이 명칭은 이 나무를 광범위하게 연구한 프랑스의 박물학자 미셸 아단손Michel Adanson에서 유래되었다.

용혈수
Dragon Blood Tree

용의
피 나무

● 이상한 명칭을 지닌 나무가 이제 더 있겠느냐고 생각할 수도 있겠지만, 우리에게는 드래곤 블러드 트리Dragon Blood Tree(용혈수)가 있다. 이 나무의 가지들은 모두 직립 돔 모양으로 자라는 방식이어서 나무라기보다는 거대한 외계인 버섯처럼 보인다.

이 나무는 매우 독특해서 지구상에 오직 한 지역인 예멘 해안가의 소코트라섬Socotra Islands에서만 발견된다. 하지만 이 먼 섬에서 실제로 용은 찾아볼 수 없다.

아라비아해에 있는 이 나무가 어떻게 신화 속 짐승의 피를 딴 이름을 가지게 되었을까? 이는 이 나무의 수액 때문이다. 나무 수액은 노란색이나 갈색이 대부분이지만, 이 나무의 수액은 진한 핏빛이다. 이 나무를 조각할 때면 마치 피를 흘리는 것처럼 빨간 액체가 흘러나오는 사진을 볼 수 있다!

그런데 왜 하필 용의 피인가? 이는 해석이 필요하다. 이 나무의 독특함이나 이국적인 위치 때문에 용이 유일하게 그 수액을 비교할 수 있는 동물로 여겨졌다고 생각된다. 만약 이글거리는 아라비아반도를 가로질러 여행하다가 독특한 자연 서식지에서 이 나무를 발견했는데 그것이 '쥐의 피 나무mouse blood tree'라고 불리는 것을 알게 된다면 김이 팍 샐 것이다.

분재
Bonsai

작은 화분에서 자라는
작은 나무

● 분재는 나무의 한 종류라기보다는 예술의 한 형태로 여겨지는 것 같다. 이는 나무를 중심 소재로 하는 예술의 한 형태이기 때문이다. 분재는 특정한 한 종의 나무를 일컫는 명칭이 아니다. 의도적으로 재배되는 모든 미니어처 나무를 부르는 명칭이다.

모양은 아주 다양하고 그 크기를 일일이 말하기도 어렵다. 엄격하게 말하자면 단지 작다는 것 하나만 말할 수 있다. 이는 일본에서 들여온 공예품인데, 그중에는 정말 놀라운 것도 있다.

분재는 화분을 뜻하는 일본어이다. '단지'라는 뜻의 '분'과 '심다'라는 뜻의 '재'에서 왔다. 땅에서 나무를 기르지 않고 작은 화분, 대야, 쟁반에서 기르는 것이 전통이기 때문이다. 그래서 더 신기해 보인다. 분재들은 작은 나무일 뿐만 아니라, 작은 화분에서 자라는 작은 나무들이다!

The Origin of Names,
Words and Everything in Between
Volume II

9

색깔

Colours

"

색이 없다면 우리 세상은 얼마나 지루할까?
색은 하늘의 푸른색에서 자연의 초록색까지 다양하다.
밝고 멋진 색들은 세상을 매우 독특하게 만든다.
색은 이 책에 언급된 모든 것보다 훨씬 오래되었지만,
명칭이 없었다면 색을 말하기는 어려울 것이다.

색은 우리보다 먼저 존재했지만,
그 명칭은 인간이 만들었다.
여기서는 가장 잘 알려진 색부터 덜 알려진 색까지
여러 가지 색을 섞어서 설명할 것이다.

"

빨간색
Red

**건강한 붉은 얼굴을
가진 누군가**

● 공교롭게도 이 글을 쓰고 있는 지금 나는 밝은 빨간색 점퍼를 입고 있다. 오늘 내 의상은 내가 선택한 색깔과는 상관이 없지만, 이 색깔이 얼마나 인기 있는지를 보여주는 증거이다. 빨간색은 가장 눈길을 끄는 색 중 하나이며 욕망, 사랑, 분노, 파괴 등과 관련이 있다. 자연에서 빨간색은 불, 꽃, 그리고 우리 몸 안에서도 가장 흔하게 발견될 수 있다.

빨간색은 피의 색깔이고, 피를 흘릴 때 이를 볼 수 있다. 또한, 피는 살이 베이지 않고도 우리를 붉게 보이게 할 수 있다.

가장 두드러진 것은 다양한 이유로 피는 얼굴을 붉게 만들 수 있다는 것이다. 빨간색이라는 단어를 만드는 데 도움이 된 것이 바로 '빨간 얼굴'이었다.

빨간색이라는 이름은 인도-유럽조어의 'reudh'라는 단어로 거슬러 올라간다. 이는 '빨간'이라는 뜻 외에도 '혈색이 좋은'이라는 뜻이기도 하다. 루디ruddy는 건강한 붉은 얼굴을 가진 누군가를 묘사할 때 사용하는 형용사이다.

결국 이 인도-유럽조어 단어는 '루디ruddy'와 '리드read'로 갈라졌다. 고대 영어에서는 빨간색을 이렇게 쓴다. 이는 중세 영어에서 다시 '레드red'로 줄었다. 흥미로운 것은 '리드Read'라는 인기 있는 성씨는 고대 영어의 잔재이며, '붉은색'을 의미한다는 것이다. 하지만 이 색깔과 성씨는 직업과는 아무 상관이 없다.

노란색
Yellow

우리에게 생명을 주는
태양의 빛

● 노란색은 흥미로운 색이다. 노란색은 매우 다양한 의미를 지니고 있다. 어떤 사람들은 노란색을 두려움이나 비겁함과 연결하지만, 많은 사람들이 이를 행복이나 기쁨과 연결한다. 우리가

서로에게 보내는 '스마일 이모티콘'도 바로 노란색이 아닌가?

나에게 있어 노란색은 즐거운 색이라는 이미지로 굳어졌다. 노란색은 또한 심슨Simpson 가족이나 레고LEGO와 연결되어 있다. 이것들이 사용하는 색이 주로 노란색이기 때문인데, 이들은 모두 나에게 큰 기쁨을 가져다준다.

노란색이라는 단어는 우리 우주에서 가장 좋은 것 중 하나인 태양에서 영감을 받은 것 같다! 노란 줄기는 '빛나다'라는 뜻의 인도-유럽조어 'ghel'로 거슬러 올라간다. 많은 것이 빛날 수 있겠지만, 이 빛이 태양의 빛과 관련이 있다는 것은 분명하다.

노란색이 우리에게 열, 빛, 그리고 생명을 주는 하늘의 크고 빛나는 노란색 공의 이름을 따서 지어졌다는 것을 의미한다. 이 인도-유럽조어의 단어 겔ghel은 시간이 흐르면서 바뀌었다. 이는 결국 고대 영어에서 geolu가 되었다.

분명히 geolu는 현대 단어인 옐로우yellow와는 많은 면에서 눈에 띄게 다르다. 하지만 가장 두드러진 점은 이것이 g로 시작된다는 점이다. 이 단어의 첫 번째 철자가 어떻게 g에서 y로 바꿔었을까? 고대 영어에서 현대 영어로 전환되는 과정에서 g가 y로 바뀌는 것은 이것이 유일한 것이 아니다.

예를 들면, 고대 영어 단어로 '날day'은 'dæg'였다. 1066년 노르만족과 그들의 언어에서 영감을 받은 것으로 보이는 영어가 게르만족의 뿌리에서 벗어나 성장하면서 이러한 변화가 일어났다.

　다른 게르만어 계통의 언어들은 여전히 영어에서 y로 사용하는 부분이 g로 유지되고 있다. 현대 네덜란드어로 날을 의미하는 '다그dag'라는 단어가 바로 그 예이다. 이는 모두 노란색이라는 단어에서는 약간 벗어난 것이지만, 그래도 흥미롭다.

—

파란색
Blue

태양 빛에
빛나는 바다

● 파란색은 삼원색 중 하나이다. 고요함, 평화로움, 평온함과 연결된 색이다. 노란색과 너무 다른 색이지만, 최소한 우리 기준으로 볼 때 파란색과 노란색은 둘 다 놀라울 정도로 비슷한 기원을 가지고 있다.

　파란색은 인도-유럽조어인 'bhel'에서 유래한 것이다. 이 또한 '빛나다/번쩍이다/태우다'와 같은 의미이다. 도대체 무엇이 파랗게 빛나는가? 문득 한 가지가 떠오른다. 반짝반짝 빛나는 바다이다.

　태양과 바다는 별개이지만, 같은 방법으로 태양의 빛에서는 노란색을 나타내는 단어인 옐로우yellow가, 바다를 비추는 태양의 빛에서는 파란색을 뜻하는 블루blue가 나왔는지도 모른다. 이는 단지 나의 생각이다.

바다는 믿지 못할 만큼 파랗고 빛나기 때문에 이러한 설명은 매우 이치에 맞는다. 하늘도 역시 파란색인데, 태양이 하늘에 빛나고 있으니 아마도 이 말은 하늘의 푸른색에서 나온 말일 것이다. 다만 확신이 들지 않을 뿐이다.

하지만 이 색깔 이름들이 어떻게 연결될 수 있는지는 확실하게 말할 수 있다. 일부 소식통에 따르면 파란색을 뜻하는 옛 단어가 금발도 의미했다고 지적한다. 색상의 명칭에 대한 탐구가 계속됨에 따라 더 많은 색상의 명칭이 유사한 뿌리에서 왔다는 것을 알게 될 것이다.

노란색과 달리 파란색은 고대 영어에서 현대 영어로의 급격한 변화는 없었다. 고대 영어에서 그것은 단순히 'bleu'였다. 정확히 같은 글자가 섞여 있다.

초록색
Green

**새롭고 젊고
성장하는 존재**

● 나의 유튜브 채널 'Name Description(이름 풀이)'의 구독자들

은 내가 초록색을 특별하게 여기고 있음을 알고 있을 것이다. 이 채널의 최상단에 있는 배너의 99%가 초록색으로 되어 있기 때문이다. 초록색은 아마도 자연에서 가장 자주 발견되는 색일 뿐만 아니라 모든 자연물과 연결된 색일 것이다.

초록색이라는 명칭은 천연 뿌리에서 유래되었다. 초록색은 '성장'을 의미하는 인도-유럽조어 'ghre'에 뿌리를 두고 있다. 이 인도-유럽조어 단어가 멋있는 점은 초록색이라는 단어의 유래일 뿐만 아니라 '성장grow'과 '풀grass'이라는 두 가지 서로 다른 단어의 유래이기도 하다는 것이다. 이 세 가지가 서로 연결되어 있기 때문에 이는 모두 이치에 맞는다. Green grass grows!(초록 풀이 자란다!)

이 인도-유럽조어 단어 'ghre'는 고대 영어에서 'grene'으로 진화했다. 이는 초록색을 나타냄은 물론 어리고 성숙하지 못하다는 것을 의미했다. 초록색은 '젊음'과 연결되고, 새로운 것은 '성장'하는 것과 연결되기 때문에 이는 쉽게 이해할 수 있다.

기묘하게도 이 초록색이라는 단어의 의미는 오늘날에도 여전히 가장 예상치 못한 곳에 존재한다. 아직 새롭고, 젊고, 미성숙한 프로 레슬러를 '그린green'이라고 부른다. 모든 프로 레슬러들이 가장 언급하기 좋아하는 세 가지는 헤드록, 수플렉스, 그리고 이 고대 영어 단어인 그린이다.

주황색
Orange

**노란색과 빨간색이
섞인 과일**

● 처음에 주황색이라고 불렸던 것은 무엇일까? 색깔일까? 과일일까? 고맙게도 닭이 먼저냐 달걀이 먼저냐 문제와는 달리 이는 확실한 답을 가지고 있다. 나에게 충격으로 다가왔지만, 이 명칭을 먼저 가진 것은 과일이었다. 이 색깔은 단순히 과일의 명칭을 따서 명명되었다.

그렇다면 그 과일은 어떻게 그러한 명칭을 갖게 되었을까? 그 궁극적인 기원은 모른다. 우리가 아는 것은 가장 오래된 명칭이 산스크리트어로 'naranga-s'라는 것이다. 그리고 이 단어를 통해 역사 속에서 영어에서 말하는 오렌지orange(주황색)가 되는 것을 볼 수 있다.

이 과일은 산스크리트어에서부터 페르시아어로 '나랑narang'이 되었고, 이탈리아어로 '아란자arancia'가 되었다. 또한, 고대 프랑스어에서는 오렌지orenge가 되었고, 영어에서 오늘날 오렌지orange로 정착했다.

과일인 오렌지는 16세기 초에 영국에 상륙했다. 영국에서는 거의 볼 수 없었던 밝은 색상에 매료된 옛 영국인들은 이 과일의 명칭을 그 색깔에 사용하기로 결정했다.

여러분이 무슨 생각을 하는지 안다. 그렇다면 당근은 무엇이냐는 것 아닌가? 영국인들은 분명히 그것들을 봤을 것이다. 당근도 오렌지색이다. 하지만, 지금의 당근은 오렌지색이지만, 과거에는 당근이 보라색과 흰색인 경우가 더 많았다. 또한, 호박은 아직 아메리카 대륙에 도착하지도 않았다.

어쨌든 지금 이 책은 색을 다루고 있는 것이지 과일이나 야채를 설명하려는 것이 아니다. 오렌지색은 영국에서 오렌지 열매가 열리기 전에 존재했다. 가장 눈에 띄는 것은 화염과 특정한 꽃이었다. 하지만 이것들은 완전히 새로운 명칭을 만들 수 있을 만큼의 존재감은 없었다.

그렇다면 이 과일이 도착하기 전에 그들은 그 오렌지색을 뭐라고 불렀을까? 그들은 단순히 그것을 고대 영어로 'geoluhread'라고 불렀다. 이번 장을 세세하게 잘 읽었다면, 이 명칭이 무엇을 의미하는지 정확히 알게 될 것이다. 이는 단순히 노란색과 빨간색을 합친 오래된 영어 단어이다. 오렌지는 노란색과 빨간색의 혼합이기 때문이다.

보라색
Purple

**뿔고동 분비선이 만들어낸
왕실의 색**

● 보라색은 자연 상태에서는 잘 보이지 않는 색이다. 그래서 보라색은 염료로 사용할 수 있게 되었을 때 왕과 왕비 같은 중요한 사람이 독점하는 색이 되었다. 보라색이 왕실과 왕실의 모든 것과 연결되는 이유이다.

보라색을 염료로 얻는 가장 좋은 방법 중 하나는 특정 종류의 조개류 분비선에서 점액을 추출하는 것이었다. 현재 무렉스murex(뿔고둥)라고 부르는 달팽이종을 말한다. 이 달팽이종은 과거에 라틴어로 '푸르푸라purpura'라고 알려져 있다. 왜 이렇게 불렸는지 그에 대한 어원은 아쉽게도 알 수가 없다.

하지만 이 달팽이종의 이름은 분비선이 만들어내는 염료와 관련을 맺게 되었다. 결국 이 염료의 독특한 색상이 그 자체로 명칭이 되었다. 지금까지 여러 번 보아왔듯이, 이 단어는 오랜 세월 동안 여정을 거쳐 고대 영어에 도달한 후 오늘날 '퍼플purple'이라는 철자로 정해졌다.

자주색
Magenta

● 방금 설명한 보라색이 이 색깔이 아니었냐고? 뭐 유사한 색이기는 하다. 자주색은 논란의 여지가 있는 색이다. 보라색이나 빨간색 대의 특정한 음영이지만, 정확히 어떤 음영이 자주색인지에 대한 하나의 합의는 없다. 자주색을 떠올릴 때 어떤 색을 생각하든 그것으로 하면 된다.

자주색의 명칭은 독특한 기원에서 유래되었다. 이탈리아 북부의 롬바르디아 지방에는 작고 조용한 마을이 하나 있다. 이 마을의 명칭은 '마젠타Magenta'로 로마 황제 마르쿠스 아우렐리우스 발레리우스Marcus Aurelius Valerius 의 이름을 딴 것으로 보인다. 마르쿠스가 약 1,000년간 변형되어 마젠타가 된 것이다.

이 마을에는 어떻게 해서 보라색이나 빨간색 음영의 명칭이 붙은 것일까? 이는 한 전쟁 때문이다. 바로 마젠타 전투이다. 이 전투는 1859년 6월 4일 이 마을에서 일어났다. 사르데냐 왕국과 프랑스 제국은 함께 오스트리아 제국에 대항했다.

약 1만 5,000명의 사상자를 낸 끝에 사르데냐와 프랑스는 승리를 거두었다. 당시 한 무리의 프랑스 군인들이 독특한 보라색 색조의 군복을 입었던 것으로 보인다. 이 전쟁의 승리를 기념하기 위해 이 군복의 독특한 색깔이 마을 이름에 붙여졌고, 마젠타가 이 색깔의 명칭으로 굳어졌다. 전쟁 후에 색깔의 명칭이 붙을 줄은 정말 상상도 못했다!

황토색
Ochre

옅은 노란색 흙에서
만들어지는 색

● 황토색Ochre은 노란색에서 짙은 갈색에 이르기까지 다양한 색상에 적용할 수 있는 이름으로, 아주 멋진 천연의 흙 색깔이다. 혼합을 통해 황토색을 만들기 전에 이미 지구에는 황토색 색소와 염료가 존재했고, 왜 황토색이 이처럼 흙 색깔이 될 수 있는지에 대해 많은 논리적인 설명들이 있다.

황토색은 산화철과 다양한 양의 점토나 모래의 혼합물을 통해 얻을 수 있다. 이 물질들이 땅속에서 함께 섞이면서 이러한 멋진 색이 나온다. 그 때문에 황토색은 그 위에 무엇이 있든 상관없이 색깔 그 자체의 명칭으로 사용될 뿐만 아니라 색깔을 만드는 흙의 명칭으로도 사용된다. 이 질문에 답하기 위해서는 이 흙이 정확히 어떻게 그 명칭을 갖게 되었는지 알아내야 한다.

안타깝게도 이 단어가 어디서 왔는지는 알 수 없다. 고대 그리스인들이 '크로스Khros'라고 불렀던 것까지는 추적이 가능하지만 어떻게 그들이 그 단어를 얻었는지는 잘 모른다. 이 그리스어 명칭에 대해 알려진 것은 그것이 옅은 노란색을 의미했다는 것이다. 이는 오늘날 황토색에서 상당히 벗어난 것이다.

오늘날 황토색은 갈색, 주황색, 금색까지 다양한 색상으로 나온다. 황토색 중 일부는 독특한 명칭을 가지고 있다. 좋은 예는 붉은 색조를 띤 황토색인 '시노피아sinopia'이다. 이 색을 만든 색소는 현대 튀르키예에서 처음 발견되었고, 오늘날 튀르키예의 항구도시 '시노페Sinope'를 통해 지중해를 가로질러 수출되었다. 이 멋진 색은 이 항구도시 이름에서 유래한 것이다.

연한 미색
Magnolia

식물학자 이름을 딴
흰색 색조 목련

● 연한 미색은 페인트 업계가 만들어낸 많은 칙칙한 흰색 색조 중 하나이다. 그들은 우리에게 더 많은 페인트를 팔기 위해 이 색이 달걀껍데기, 상아, 바닷소금, 그리고 다른 모든 색조와도 다르다고 설득하려고 한다. 좋다. 이는 좀 과장된 표현일 수

도 있겠다. 이것들은 약간씩 다른 색깔들이지만, 여전히 페인트 업계가 우리 모두를 속이고 있다고 생각한다.

흰색은 그다지 흥미로운 기원을 가지고 있지 않은 단어 중 하나이다. 반면에 연한 미색은 그 기원이 아주 흥미롭다. 처음에는 흰색 색조의 명칭이 아니라 흰색 색조를 지닌 특정한 어떤 것의 명칭이었다. 그것은 목련magnolia(매그놀리아)으로, 사실이 명칭은 앞에서 다룰 수도 있었다.

목련이라는 이름은 독특한 어근에서 나온다. 이 명칭은 고대라틴어나 그리스 어근에서 유래한 것이 아니다. 사실 이 꽃은 누군가의 이름을 딴 것이다. 프랑스의 식물학자 샤를 플루미에 Charles pumier는 다른 프랑스 식물학자 피에르 마뇰Pierre Magnol의 이름을 따서 이 꽃의 명칭을 지었다.

마뇰은 그의 이름을 딴 꽃이 나올 만한 인물이었을까? 그는 식물학자로 식물과 그 종의 명칭을 만드는 틀과 구조를 만들었다. 식물의 명칭이 오늘날처럼 '-ia'로 끝나야 한다고 처음 제안한 인물이기도 하다. 그의 성씨가 이 꽃의 명칭으로 지어졌을 때에도 그 끝에는 -ia가 붙여졌다. 이는 이 색깔이 인간의 이름을 딴 꽃에서 만들어졌음을 의미한다.

에메랄드색
Smaragdine

에메랄드그린 그 이상의
빛을 의미하는 색

● 여러분이 전에 본 적이 없는 색이 존재할 가능성은 거의 없다. 그보다는 들어본 적이 없는 색의 명칭이 있을 수 있다. 여러분이 나와 같다면 에메랄드색이 그러한 경우에 해당할 것이다.

만약 에메랄드색을 찾아보려 한다면 전에 본 적이 없는 이 색깔을 발견하지 못할 것이다. 대신 여러분이 발견할 수 있는 것은 멋진 에메랄드 빛깔의 녹색(진녹색)일 것이다. 에메랄드색은 기본적으로 에메랄드그린emerald green(진녹색)의 화려하고 재미있는 버전이다.

그리스어로 에메랄드는 '스마락도스smaragdos'라고 불리는데, 이는 빛을 의미하는 '세미틱 바라크Semitic baraq'에서 왔다. 이 그리스어는 라틴어와 고대 프랑스어와 같은 다른 언어를 지나면서 오늘날 영어에서 '에메랄드emerald'로 변형되었다.

우리가 보석의 이름으로 에메랄드를 사용할 수도 있지만, 에메랄드색은 단지 에메랄드그린에 비해 이름으로서 훨씬 우수하다. 이 이름은 간단하게 에메랄드 같다거나 에메랄드 빛깔을 의미한다는 것으로 번역된다.

The Origin of Names,
Words and Everything in Between
Volume II

10

원소

Elements

"

모든 물질은 원소로 이루어져 있다.
흙, 물, 불 등과 같은 원소의 고전을 말하는 것이 아니다.
내가 말하고자 하는 것은 화학 원소이다.
우리 세계의 모든 것은 학교 과학실 벽에 붙어 있는
주기율표상에 나와 있는 원소들로 구성된다.
몇몇 원소는 원소가 정확히 무엇인지 이해하기 전부터
우리가 알고 있던 것들이고,
최근 추가된 다른 원소들도 있다.

여기서는 모두가 알고 있는 필수적인 것에서부터
정체를 알기 위해 좀 더 깊이 파고들어야 하는 원소들까지
종합적으로 다루려고 한다.

"

산소
Oxygen

산을 만들기 위해
필요하다고 믿었던 착각

● 산소는 은하계에서 세 번째로 풍부한 원소이다. 산소는 우리가 호흡하는 공기의 중요한 성분 중 하나이기 때문에 대단히 중요하다. 이 명칭의 뒷부분인 -gen은 여러 원소의 명칭에서 볼 수 있다. 이는 단순히 '만들다/형성하다'를 의미하는 오래된 그리스 단어이다.

산소 명칭의 앞부분인 oxy-도 그리스어이다. 그리스어로 '옥시스oxys'는 '산acid'을 의미한다. 이는 산소가 산을 형성한다고 추론할 수 있음을 의미한다. 그 이유는 무엇일까? 산소는 신선

한 공기와 연결하는 요소이지 산이 아닌데 말이다.

초기 화학자들은 어떤 종류의 산을 만들기 위해서는 산소가 필요하다고 믿었다. 후에 산소가 필요하지 않다는 것을 알게 되었지만, 아직도 그 명칭은 사라지지 않고 남아 있다.

그리스어로 '산소oxys'라는 단어는 단순히 '산acid' 그 이상을 의미하며, '날카로운sharp'을 의미하기도 한다. 어떤 면에서는 산이 꽤 날카로운 것 같기도 하다. 이러한 의미로부터 우리는 옥시를 다른 말에서도 찾아볼 수 있다. 가장 눈에 띄는 단어는 옥시모론oxymoron(모순어법)인데, 이 단어는 '달콤쌉쌀한bittersweet', '산주검living dead'과 같은 모순된 용어에 적용되는 것이다.

이 경우, '모론moron'은 여전히 여러분이 생각하는 의미인 '얼간이'라는 뜻이다. 반면에 옥시는 '예리하고 날카롭다'라는 것을 의미한다. 그래서 모순어법은 '명석한sharp(날카로운) 얼간이fool'라는 뜻으로 보인다. 이는 그 자체로 모순이다. 날카로운 것은 또한 빠른 두뇌 회전을 의미할 수 있지만, 뭔가 얼간이라고 하는 것은 그렇지 않은 것을 의미하기 때문이다.

헬륨
Helium

태양신이 엄청나게
만들어내는 가스

● 헬륨은 우리 태양계에 매우 풍부한 또 다른 원소이다. 중요한 용도를 많이 가지고 있고, 우리의 존재에도 필수적이다. 엄청나게 중요한 원소이지만, 사람들 대부분은 간단한 두 가지 이유 때문에 이 원소에 대해 알고 있다. 바로 풍선에 넣는 가스와 이 가스를 흡입하면 목소리 톤이 더 높아진다는 것이다.

이러한 유쾌한 용도로 인해 헬륨은 확실히 재미있는 이미지가 되었다. 헬륨은 또한 태양과 밀접하게 연관되어 있는데, 우리와 가장 친근한 별이 엄청난 양의 헬륨을 생성하기 때문이다. 엄청난 양이라고 한 말을 믿어야 한다. 태양은 매초마다 거의 6억 톤의 헬륨을 생산한다. 이는 꽤 많은 풍선을 채울 만한 양이다. 헬륨은 또한 태양에서 처음 발견되었다.

헬륨은 이처럼 우리 모두가 의존하는 생명을 주는 가스 공인 태양과 밀접하게 관계되어 있기 때문에 그 명칭을 따서 명명된 것이다. 헬륨이라는 명칭은 태양을 뜻하는 그리스어 '헬리오스 helios'에서 유래되었다. 그리스인들이 헬리오스라고 이름 붙인 것은 태양만이 아니었다. 태양신에게 붙여준 이름도 정확히 헬리오스였다.

따라서 이 원소는 아주 중요한 태양의 이름을 따서 명명되었다기보다는 그리스 신의 이름을 따서 명명된 것으로 보인다. 그러니까 다음에 헬륨을 가지고 놀면서 목소리 톤을 높일 때 신의 가스를 들이마시고 있다는 것을 기억하라.

네온
Neon

새롭게
발견된 원소

● 대부분 우리는 네온을 명사보다 형용사로 사용하는 경향이 있다. 밝고 화려한 색과 빛이 나는 것들을 묘사하기 위해 사용하는 단어이기 때문이다. 우리가 네온이라고 부르는 것들은 대부분 네온 조명으로 만들어진다. 네온 조명은 동명의 이 원소를 사용해 특징적인 빛을 만들어낸다.

네온 조명은 라스베이거스와 방콕과 같은 도시들의 술집 간판이나 우리 주변에서 쉽게 찾아볼 수 있다. 네온 조명은 일상 생활에서 상용됨으로써 화학 세계를 벗어나게 되었다. 네온은 인공적인 이미지를 지니고 있지만, 그 어떤 것보다도 자연에서 발생하는 순수한 원소이다.

많은 원소가 특정한 명명 규칙을 따르고 있지만, 네온은 이와 유사한 명칭을 사용하는 다른 원소가 없다는 점에서 독특하다. 어원은 흥미롭지만, 사람들이 때때로 얼마나 선견지명이 짧은지 보여준다.

네온은 1898년에 처음 발견되었다. 지금까지 100년이 훨씬 지났지만, 과학의 영역에서는 그리 오랜 시간은 아니다. 이 원소를 발견한 사람들은 몹시 흥분해서 이것이 '새로운new' 것이라는 사실을 나타내기 위해 '네온'이라고 불렀다. 네온은 그리스어로 '새롭다'는 것을 뜻하는 '네오스neos'에서 왔다.

네온이 발견된 이후 39개의 또 다른 원소가 발견되었다. 사실 네온을 발견한 윌리엄 램지William Ramsay와 모리스 트래버스Morris Travers는 네온을 발견한지 3주 만에 또 다른 원소인 '제논xenon'을 발견했다. 이는 네온이라는 명칭을 정확하게 사용했던 기간이 한 달도 채 안 되는 기간이었음을 의미한다.

하지만 네온이라는 이름은 완전한 거짓말임에도 분명히 지금까지 남아 있다. 내가 지나치게 따지기 좋아하는 사람일 수도 있겠지만, 아무튼 나는 거대한 원소 체계에 있어서는 네온이 아직은 새로운 것이라고 생각한다.

수은
Mercury

**빠르게 액체로
변하는 원소**

● 수은은 실온에서 액체로 존재하는 유일한 금속 원소라는 명예를 가지고 있다. 이러한 성질 때문에 수은은 오늘날처럼 세계가 이해되지 않았던 고대에는 바람직한 산물로 간주되었다.

과거에 많은 사람들은 수은이 자연의 만병통치약일 수 있다고 생각했고, 수은이 영원한 생명을 줄 것이라는 희망으로 그것을 마셨다. 물론, 사람들 대부분은 수은 중독으로 죽었기 때문에 정반대의 현상이 벌어진 셈이다.

수은은 여러 해에 걸쳐 꽤 많은 이름으로 불려졌다. 고대 그리스인들은 이것을 '물-은'이라는 뜻의 '하이드라르기룸 hydrargyrum'이라고 불렀는데, 이는 지구에서 가장 잘 알려진 액체 금속에 적절한 이름이다.

시간이 지남에 따라 이 원소가 액체로 변하는 속도가 빨라서인지 '속도'와 밀접하게 연결되었다. 이유가 무엇이든 간에, 속도로 인해 '퀵실버quicksilver'라는 명칭을 얻었는데, 이는 그리스식 명칭처럼 적절한 것이었다. '수은'이라는 명칭도 속도 덕분에 주어진 것이었다.

다시 말하지만, 수은은 신의 이름을 딴 원소인데, 바로 로마 전령의 신인 '머큐리Mercury'이다. 신들을 위해 메시지를 전달한다는 것은 빨라야 한다는 것을 의미한다. 감사하게도 머큐리는 모든 신 중에서 가장 빨랐다. 수은과 신 머큐리 사이가 연관된 것이 바로 이 '속도' 때문이다.

태양에 가장 가까운 행성도 '수성Mercury'이라는 명칭을 가지고 있기 때문에 수은이 신 머큐리 이름을 딴 유일한 것은 아니다. 수성도 수은과 비슷한 이유로 신의 이름 머큐리에서 왔는데, 수성이 다른 행성들보다 태양을 더 빨리 공전하기 때문이다. 따라서 신, 원소, 행성이라는 명칭은 모두 '속도'와 연결되어 있다. 퀵실버Quicksilver라는 이름을 포함한다면 초인적 영웅도 여기에 포함된다.

─

코발트
Cobalt

**은을 가지고 장난치는
트롤 코볼트**

● 고대에는 철, 구리, 주석, 납, 수은, 은, 금 등 일곱 가지 금속만이 존재했다고 생각했다. 그리고 이러한 믿음은 16세기까지도 이어졌다. 독일에서 은이 많이 채굴되고 있었던 것도 이 무

렵이었다. 광부들이 거대한 은맥을 발견했다고 생각한 곳은 작센 땅 아래였다. 그들은 모두 부자가 될 수 있었다.

하지만 모든 금속을 추출하여 용광로에 넣어 제련한 후 상황이 바뀌었다. 값진 은이 생산되기는커녕 이 원광들은 쓸모없는 덩어리로 변했다. 그들은 계속 시도했지만 '은'의 냄새가 제대로 나지 않았음은 물론 많은 광부가 이 금속이 추출될 때 발생하는 유독성 연기로 인해 병에 걸리기 시작했다. 이 금속이 무엇이든 간에 확실히 '은'은 아니었다. 채굴하던 땅에서는 거의 은과 흡사해 보였지만 말이다.

앞서 언급했듯이 사람들은 이 시기에 세상에는 단지 일곱 개의 금속만 존재한다고 생각했고, 따라서 그것이 새로운 금속이라는 생각을 아무도 하지 못했다. 광부들은 훨씬 더 논리적이고 현실적인 결론에 도달했다. 그것은 바로 이 금속이 성가신 작은 트롤과 도깨비에 의해 마법에 걸렸다고 믿는 것이었다.

이때는 지금과는 다른 시대였다. 그래서 트롤이 금속을 만지작거린다는 생각이 새로운 금속이라는 생각보다 사람들에게 더 잘 먹혔다. 트롤들이 은처럼 보이는 독성을 가진 금속을 만들어 광부들을 골탕 먹였다거나 진짜 은은 가져가고 이 치명적인 가짜 은을 남겨두었다는 것이었다.

어느 쪽이든 독일 광부들은 이 트롤에 짜증이 났다. 어떤 트롤이 은을 가지고 장난을 치는지 밝혀내기 위해 그들은 독일의 민속과 오래된 게르만 전설에서 등장하는 성가신 요정/트롤인 '코볼트Kobold'를 살펴보았다. 코볼트는 이 교묘한 금속으로 인해 억울한 누명을 뒤집어썼고, 그들의 이름은 이 금속의 명칭에 남게 되었다.

이 금속이 트롤에게 오염된 금속이 아니라 완전히 새로운 것이라는 사실이 알려진 것은 18세기가 되어서였다. 비록 그 명칭이 그때까지도 붙어 있었지만, 결국 그것은 오늘날 우리가 알고 있는 코발트라는 이름이 되었다.

'코발트'는 트롤이 금속을 가지고 장난을 친다고 믿어졌기 때문에 붙여진 명칭이다. 현대판 트롤이 그렇게 재미있다면 좋겠다. 주기율표의 원소가 어리석은 작은 도깨비의 이름을 따서 지어졌다는 것을 아는 것은 정말 굉장한 일이다.

더욱 재미있는 것은 이 원소가 도깨비의 이름을 딴 유일한 원소가 아니라는 것이다. '니켈nickel'은 은이 아닌 구리로 오인된 것만 제외하면 코발트와 비슷한 기원을 지니고 있다. 원래 니켈은 게르만족의 기원에서 유래한 '쿠퍼니켈kupfernickel(영어 발음은 컵퍼니켈)'이라고 불렸다. 구리 악마라는 의미이다.

결국, 이 이름은 간단히 니켈로 줄었다. 미국의 5센트 동전이 바로 이 도깨비들의 이름을 따서 지어졌다는 것을 의미한다. 이 동전이 원래 니켈로 만들어졌기 때문이다.

비소
Arsenic

노란색 웅황에서
발견된 원소

● 한동안 영국인, 호주인, 아일랜드인들은 이 원소를 보고 웃음을 참지 못했다. 만약 이것이 '애스닉assnic'이라고 발음된다면 미국인들도 웃었을 것이다. 왜냐하면 영어에서 애스ass는 엉덩이, 항문 등을 의미하기 때문이다. 하지만 이는 엉덩이와는 상관이 없다.

비소는 역사적으로 독으로 사용되었던 것과 가장 관련이 있어 보인다. 하지만 비소는 위험하지 않은 다른 용도도 가지고 있다. 자연 그대로의 비소는 현저하게 노란색을 띠는데, 이 색깔에서 비소라는 명칭이 붙었다.

비소는 주기율표와 현대 원소의 명명법보다 훨씬 앞선 개념이 있었다. 그것은 비소가 궁극적으로 '노란색 웅황yellow orpiment'을 의미하는 페르시아어 '자르니크zarnikh'에서 유래했다는 것이다. 비소가 발견되는 광물이 '웅황orpiment'이기 때문에 이는 적절한 이름이다.

이것은 오늘날 단어와도 약간 비슷하게 들린다. 그리스인들은 이 치명적인 것을 손에 넣었을 때 페르시아 단어에서 유래한 이름을 그리스식 명칭인 '아르세니콘arsenikon'으로 번역했다. 이후 로마인들은 이를 '아르세니쿰arsenicum'이라는 라틴어 명칭으로 바꾸었다.

제논
Xenon

이질적이고, 새롭고,
이상한 원소

● 앞서 이 원소를 언급했다. 네온의 발견자들이 네온을 '새로운' 원소라고 부른지 3주 후에 발견한 원소가 바로 제논이었다. 물론 이미 어떤 원소를 새로운 것으로 명명했기 때문에 이 새로운 원소에도 같은 의미의 명칭을 붙일 수는 없었을 것이다. 이번에는 좀 더 창의적인 명칭이 필요했다.

이 원소를 위해 그들은 '외국의/낯선'과 같은 의미인 그리스 단어 '지노스xenos'를 떠올렸다. 이는 이 새로운 원소가 주기율표에서 이질적이고, 새롭고, 이상했기 때문이라고 생각한다. 창의적인 아이디어였다. 네온과 제논을 발견한 램지와 트래버스는 이 두 가지보다 더 많은 원소를 발견했기 때문에 계속해서 창조적인 원소 명칭을 만들었다.

'크립톤'은 그들의 또 다른 발견 중 하나였다. 이는 그리스어로 '숨겨진'이라는 의미인 '크료토스kryotos'라는 단어에서 비롯되었다. 이 외계인처럼 들리는 이름이 어떤 외계인의 고향 행성 이름뿐만 아니라 그의 단 하나의 약점이라는 생각에도 영감을 주었다고 생각한다.

토륨
Thorium

토르가 연상되는
스웨덴 광물

● 크립톤이 슈퍼히어로나 초인적 능력을 갖춘 영웅과 만화책 세계에서 관계를 맺는 유일한 원소는 아니지만, 우리가 이번에 다루고자 하는 인물은 만화책에 등장하기 이전부터 존재했다. 토륨 원소는 신화의 영역에서 유래했지만, 그리스 신화의 인물과 이름을 공유하는 헬륨과는 달리 북유럽 신화의 영역에서 유래했다.

북유럽 신화를 통해 알려진 신들이 많이 있지만, 강력한 신 '토르Thor'는 의심할 여지없이 그들 중 가장 사랑받고 있다. 어떤 만화/영화 시리즈가 이 신을 유명하게 하는 데 도움을 주었다.

그런데 왜 이 알려지지 않은 원소의 명칭을 망치를 휘두르는 천둥의 신의 이름을 따서 지었을까? 그것은 토르처럼 믿을 수 없을 정도로 강하고 내구성이 있는 것인가? 아니면 번개와 같은 것에 도움이 되는가?

둘 다 아닌 것 같다. 이 새로운 원소는 스웨덴의 '파룬Falun' 광산에서 나온 한 광물을 통해 분리되었다. 이 토륨의 명칭은 토륨이 태어난 나라인 바이킹의 국가 스웨덴을 기리기 위한 것이다.

아인슈타이늄
Einsteinium

알베르트 아인슈타인을
기리는 원소

● 원소가 신화 속 인물의 이름만 따서 지어지는 것은 아니다. 실존 인물의 이름을 따서 명명될 수도 있다. 보통 실제 사람의 이름을 따서 명명될 때 그 사람은 일반적으로 화학과 과학의 세계에서 중요한 인물인 경향이 있다. 지구상에서 알베르트 아인슈타인만큼 과학과 밀접한 관계가 있는 사람은 거의 없을 것이다.

아인슈타인을 따로 소개할 필요는 없을 것이다. 그 이름만으로도 지성과 동의어가 되었고, 그의 모습은 과학자들에게는 캐리커처로 변모했다. 만약 누군가의 이름을 딴 원소가 나오게 된다면 그것은 아인슈타인이어야 할 것이다.

1952년에 처음 이 원소가 발견되었을 때 이 원소에 명칭을 붙인 것은 캘리포니아–버클리 대학의 연구팀이었다. 이 연구팀은 이 원소의 명칭으로 쓸 인물로 아인슈타인과 엔리코 페르미 등 두 명의 후보자로 압축했다.

물론 아인슈타인이 결국 승리했지만, 불행하게도 이 원소가 확인되고 그의 이름이 공식적으로 부여되는 동안 이 위대한 사상가는 세상을 떠났다. 그가 남긴 유산은 여러 방법으로 존속하고 있으며, 그의 이름을 딴 이 원소도 그 중 하나이다. 하지만 엔리코 페르미를 동정하지 않아도 된다. 다음 원소인 '페르뮴fermium'은 그의 이름을 딴 것이기 때문이다.

이 두 원소만이 실제 사람의 이름을 따서 명명된 것은 아니다. 마리 퀴리와 피에르 퀴리의 이름을 딴 퀴륨curium, 알프레드 노벨의 이름을 딴 노벨륨nobelium, 그리고 주기율표를 만든 드미트리 멘델레예프의 이름을 딴 멘델레븀mendelevium도 있다.

툴륨
Thulium

**고향의 옛 이름 툴레를
기리는 원소**

● 원소에 이름을 붙이는 또 다른 일반적인 방법이 바로 지명을 따서 붙이는 것이다. 일반적으로 장소들은 원소와 어떤 방

식으로든 관련이 있다. 또한, 전형적인 장소들도 존재한다. 하지만 툴륨의 경우는 그렇지 않다.

'툴레Thule'라는 나라에 대해 들어본 적이 없다고 해도 크게 놀라운 일은 아니다. 어떤 현대 지도에도 나타나지 않기 때문이다. 하지만 고대 그리스와 로마 지도를 보면 툴레가 그곳에 있을 가능성이 크다.

툴레는 고대 지중해 세계에서 가장 북쪽에 있는 섬에 붙여진 이름이다. 일부는 이 섬이 실제로 그곳에 있었다고 주장하는 반면, 다른 일부는 섬의 존재는 가설일 뿐이라고 주장한다. 툴레가 무엇이었는지는 사실 잘 모른다.

어떤 사람들은 스코틀랜드 해안에서 떨어진 셰틀랜드 제도이거나 심지어 페로 제도보다 더 북쪽에 있을 수도 있다고 말한다. 또 어떤 사람들은 심지어 아이슬란드나 그린란드였다고 생각한다. 하지만 고대인들은 이 신화의 섬이 그들의 세계에서 가장 먼 곳이라는 것을 확실히 알고 있었다.

사실 툴레는 그린란드의 몇몇 배와 기지의 명칭이다. 그린란드의 최북단 도시 중 하나는 '툴레Thule/뉴툴레New Thule'로도 잘 알려져 있다. 물론 우리에게는 이 원소의 명칭이다.

이 원소는 스웨덴의 화학자 페르 레오도르 클레베에 의해 발견되었다. 그는 그의 조국인 스웨덴의 고향을 기리는 마음으로 툴륨이라고 명명했다.

어떤 이들은 툴레가 일종의 섬이었다고 생각하는 반면, 다른 이들은 툴레가 고대 스칸디나비아의 이름이었다고 주장한다. 어떤 사람들은 이것이 그 지역의 가장 오래 전에 알려진 명칭이라고 말한다. 그가 이 화학물질을 이 고대 이름에서 따온 이유는 아마도 그의 고향의 고대 이름이기 때문일 것이다.

The Origin of Names,
Words and Everything in Between
Volume II

11
역사적 장소
Historic Places

"

오늘날 우리가 알고 있는 세상은 과거와 똑같지 않다.
우리가 사는 이 푸른 행성은 우주를 떠다니면서
세월과 함께 극적인 변화를 겪어왔다.
지도에 존재했던 국경은 지워졌다 다시 그려졌다.
한때 번영을 이루었던 대도시는 이제 잔해로 변했다.
우리가 걷는 땅도 갈라지고, 합쳐지고, 가로질러 이동했다.

과거로 돌아가 이제는 더 이상 존재하지 않는
지구상의 역사적 장소로 여행하자.
우리가 방문할 곳은 옛 나라, 옛 도시, 옛 지역,
그리고 한때 존재했던 제국들이 포함된다.

"

메소포타미아
Mesopotamia

**두 강 사이에
위치한 땅**

● 메소포타미아는 인류 역사상 가장 중요한 장소 중 하나일 가능성이 매우 크다. 우리에게 '문명의 요람'으로 알려진 메소포타미아는 인류가 수렵 채집을 그만두고 오늘날과 같은 사회를 형성하기 시작한 곳이다. 바퀴, 수학, 그리고 작문은 모두 메소포타미아에 살았던 사람들의 발명품이다.

이 지역이 지닌 토양의 비옥함과 기후 조건을 포함한 다양한 요인들 덕분에 메소포타미아에서는 오늘날 같은 생활을 시작하는 것이 가능했다. 아라비아반도 끝자락에 있는 서아시아인이라크, 이란, 쿠웨이트, 시리아, 튀르키예 등의 근대국가들이 메소포타미아인들이 살았던 곳이다.

메소포타미아는 하나의 왕국이나 국가가 아니라 바빌로니아나 수메르처럼 다양한 부족과 사람들이 번성했던 땅의 명칭이었다. 그들은 이 땅을 메소포타미아라고 부르지는 않았을 것이다. 그리스인들이 소급해서 붙인 명칭이므로 이 지명은 그리스어에서 유래한 것이다.

앞에서 언급했듯이, 고대 메소포타미아 사람들은 토양이 무척 비옥해서 농사를 지을 수 있었기 때문에 번영할 수 있었다. 이 땅이 농경에 적합했던 이유는 토양을 비옥하게 만들어 준 두 강, 즉 티그리스강과 유프라테스강 사이에 메소포타미아가 있었기 때문이다.

메소포타미아라는 명칭을 갖게 된 이유도 이들 두 강 가운데 위치했기 때문이다. 메소포타미아는 '중간'을 뜻하는 그리스어 메소meso와 '강'을 뜻하는 포타모스potamos에서 유래했다. 그래서 이 지명은 간단히 말해서 '강 한가운데 있는 땅'을 의미한다. 그리스어인 메소는 아메리카 대륙의 중심부를 나타내는 메소아메리카Mesoamerica라는 명칭처럼 세계의 다른 지명에서도 쉽게 찾아볼 수 있다.

유고슬라비아
Yugoslavia

슬라브족의
남쪽 땅

● 유고슬라비아는 지구상에 두 번에 걸쳐 존재했다. 1918~1941 년에 존재했었고, 1945~1992년에도 존재했다. 제1차 세계대전 직후 건국되었기 때문에 건국일이 양차 세계대전과 일치하는 것은 당연한 일이다.

유고슬라비아는 제2차 세계대전 중 주축국들의 영유권 주장으로 인해 분열되었지만, 전쟁이 끝날 무렵 다시 등장했고 1990년대 초반까지 존속했다. 오늘날에는 슬로베니아, 크로아티아, 보스니아 헤르체고비나, 세르비아, 몬테네그로, 코소보, 북마케도니아로 갈라져 있다.

이들 신생국 간의 관계를 이어주는 것은 무엇일까? 이 신생 국가들은 한때를 제외하고는 모두 하나의 큰 국가에 속해 있었다. 그래서 동일한 언어를 쓰는 같은 남슬라브 민족의 국가들인 것이다.

신생국가들을 형성한 것은 20세기에 들어서였지만, 모든 남슬라브 민족이 하나의 큰 국가에 포함된다는 생각은 수백 년 전부터 존재했다. 이는 유고슬라비아라는 명칭에서 슬라비아

Slavia라는 부분이 어디서 유래했는지를 설명해 준다. 접미사 '-ia'는 '땅'을 의미하므로, 이는 '슬라브족의 땅'을 의미한다고 볼 수 있다.

그렇다면 유고는 어디서 왔을까? 이 단어는 현재 신생국들의 명칭 중 그 어느 곳에서도 찾아볼 수 없다. 그러면 어디에서 온 것일까? 유고슬라비아가 남슬라브족만을 위한 곳이라고 언급했던 것을 기억할 것이다. 유고는 이 '남쪽'이라는 위치와 관련이 있다. 여기서 알아두어야 할 것은 남슬라브어는 북슬라브어와 다르다는 것이다.

북슬라브어는 동슬라브어와 서슬라브어로 나뉘며 러시아어, 폴란드어, 체코어 등을 포함한다. 어쨌든 유고는 고대 교회 슬라브어인 '유구jugu'에서 온 것인데, 이는 '남쪽'이라는 의미이다. 이를 앞서 언급한 슬라비아Slavia와 함께 결합하면 '남슬라브족의 땅'을 의미하는 명칭임을 알 수 있다. 이는 이 나라의 과거 역사와도 일치한다.

프로이센
Prussia

발트해 주변 부족이
살았던 땅

● 프로이센은 프러시아로 많이 알려져 있지만 현재는 원어인 독일어를 기준으로 프로이센이라고 고쳐 부르는 추세이다. 프로이센은 독일 제국 내의 한 왕국이었다. 제국 안에 또 왕국이 있다는 것이 꽤 인상적이다. 독일 제국은 1871년에 성립되었다. 프로이센 왕국은 그보다 먼저인 1701년에 형성되었지만, 독일 제국에 흡수되었다. 하지만 독일 제국과 프로이센 왕국 모두 1918년에 다시 한 번 제1차 세계대전의 여파로 인해서 사라지고 말았다.

과거 프로이센 왕국이었던 곳이 현재 현대국가와 정확히 일치하지는 않는다. 하지만 옛 프로이센의 영토 일부는 덴마크, 독일, 벨기에, 체코, 폴란드, 러시아, 리투아니아의 일부에 속해 있다. 프로이센이라는 명칭은 한때 프로이센 국민들이 살았던 땅 특히, 발트해 주변 지역에 살았던 부족에서 유래된 것으로 여겨진다.

이 사람들은 옛 프러시안Prussians, 프루사이Prūsai 또는 프루시Prusi라고 알려져 있다. 이들이 지닌 명칭이 어디서 왔는지는 확실하지 않다. 다만, 이 지역에 있는 많은 수역이나 이와 관련된 지리적 뿌리와 연관되었을 것이라는 주장들이 많다. 비록 게르만족에게 점령당했지만, 이들은 그 명칭을 유지할 정도로 그 땅을 좋아했다.

프로이센이 러시아와 비슷해 보이기는 하지만 두 명칭의 관련성 여부는 아직도 논쟁이 계속되고 있다. 하지만 이를 우연의 일치로 보는 시각이 많다. 러시아가 러스인들Rus의 이름을 따서 지어졌다는 것을 알고 있는 것 같다.

비록 러스인들이 옛 프로이센인들과 가까이 살았지만, 아마도 약간은 섞였을 것이다. 심지어 '프로이센'이라는 이름이 '러스에 가까운 땅'을 의미하는 옛 슬라브어 포루스po-rus에서 유래되었다는 주장도 있다. 어쩌면 이 명칭들에는 우리가 생각했던 것보다 훨씬 더 깊은 관련이 있을 수도 있다.

—

스파르타
Sparta

**씨를 뿌리고
퍼뜨리는 땅**

● 우리 모두의 머릿속에는 고대 그리스 이미지가 들어 있다. 예복, 기둥이 줄지어 늘어선 건물, 신들, 그리고 우리 모두를 지

배하는 괴물들이 그것이다. 하지만 고대 그리스는 하나의 특정한 장소를 나타내는 명칭이 아니었다. 수천 년 전의 그리스는 오늘날의 그리스와는 많이 달랐다.

기원전 12세기~서기 600년경 성립된 것으로 추정되는 고대 그리스는 하나의 국가가 아니었다. 고대 그리스의 땅은 작은 도시 국가들로 분할되어 있었다. 이 도시들은 각각 자치권을 지니고 있었고, 전성기 당시 모두 평화로운 관계로 지낸 것도 아니었다. 이러한 도시 국가에는 아테네, 코린트, 올림피아 등이 있었는데, 그중에서도 스파르타가 가장 유명했을 것이다.

스파르타는 군사력이 강했고 특히, 용맹한 군인과 퉁명스럽고 직설적인 말투로 유명했다. 스파르타의 소년들은 일곱 살이 되면 군사훈련을 시작했고, 훈련과 인내를 최고의 덕목이라고 주입받았다. 페르시아에 맞서 싸운 300명의 전사들에 대한 이야기는 누구나 알고 있을 것이다.

전쟁과 전투는 스파르타인들의 최우선 과제였다. 이 도시 국가는 기원전 900년대부터 기원전 192년까지 존속했다. 스파르타의 전투에 대한 정보는 많지만, 그 명칭의 유래에 대해서는 알려진 바가 거의 없다.

그 기원에 대한 몇 가지 가설만 있을 뿐이다. 한 가지 가설은 도시의 땅이 비옥했기 때문에 씨를 뿌리고 퍼뜨리는 것을 의미하는 고대 단어와 관련이 있다는 것이다. 이 어원은 스파르타라는 이름을 '흩어진다scattered'는 것을 의미하는 형용사 스파스sparse로 연결한다.

또 다른 가설은 그것이 '줄의 일종'을 의미하는 그리스어 '스파르테sparte'에서 유래되었다는 것이다. 이 줄은 도시의 경계를 나타내기 위해 사용되었을 것으로 추정된다. 고대 그리스의 작가 호메로스는 스파르타를 '아름다운 여성들의 나라'라고 불렀지만, 이는 실제로는 어원이기보다는 그의 개인적인 생각이었던 것으로 보인다.

스파르타인들과 고대 그리스인들은 특정한 도시를 스파르타라고 불렀을 뿐이다. 하지만 현재 스파르타는 원래의 스파르타와 그 주변 지역까지 모두 일컫는다. 이에 비해 고대인들이 스파르타라고 부르는 장소는 온전한 라케다이몬/라코니아 지역이었다.

이 명칭이 어디서 왔는지는 정확히 알 수 없다. 하지만 우리가 알고 있는 것은 여기에서 영어 단어인 러코닉laconic(말을 많이 하지 않는, 과묵한)이라는 형용사가 만들어졌다는 것이다. 이 단어는 스파르타인들이 사용한 무뚝뚝하고 정확한 언어처럼 할 말만 직설적으로 하는 것을 의미한다.

만주국
Manchukuo

강력한 화살을
사용하던 땅

● 아주 먼 옛날 만주국이 있던 곳은 오늘날 중국의 일부에 속하는 지역이다. 이 나라는 1932~1945년 괴뢰 국가의 형태로 존재했다. 괴뢰 국가가 무엇일까? 이 책의 특성상 정치나 제국의 핵심에 너무 깊이 파고들지는 않겠지만, 간단히 설명하자면 괴뢰 국가란 공식적으로는 독립적이지만 그 배후에서는 더 높은 권력의 통제를 받는 국가이다.

만주국의 경우 더 높은 권력은 바로 일본 제국이었다. 일본은 공식적으로 중국 북동부 지역에 대해 자국의 소유권을 주장하기 위해 이 괴뢰 국가를 세워 그들의 야욕을 감추고 다른 국가들의 시선을 회피하고자 했다.

이 지역은 이미 오래전부터 '만주'라는 명칭을 가지고 있었다. 현재 이곳은 중국과 러시아의 일부로 아시아의 북동쪽 지역을 지칭하는 영어 명칭이다. 그리고 만주라는 명칭은 이 지역에 살던 만주족에서 유래했다.

일부 학자에 따르면 만주족이라는 명칭은 그들이 사용했던 '강력한 화살'과 관련된 것으로 보인다. 만주국이라는 용어가 생겨난 경위는 다소 장황한 감이 있다. 이 땅은 일본어로 '만주코쿠Manshūkoku'라고 불리며, 중국어로는 '만저우궈Mǎnzhōuguó'로 발음된다. 그 후 우리가 알고 있는 것처럼 만주국Manchukuo이라는 로마자(라틴어)로 표기되었다.

——

보헤미아
Bohemia

전투와 목축에 능한
보이족의 땅

● 보헤미아라는 역사적인 지역은 현재 체코의 서쪽 지역 절반을 차지하고 있다. 이 지역은 독자적인 공국으로 존재해 왔고 신성로마제국과 오스트리아–헝가리 제국과 같은 다른 제국의 일부였다. 다른 지역과 마찬가지로 보헤미아는 처음에 이 땅에 정착한 부족의 명칭을 따서 붙여졌다.

그들은 보이족Boii이라는 명칭으로 불린 켈트족이었고, 그 명칭이 어디서 나왔는지는 알려지지 않았지만 '소'나 '전사'와 관련이 있는 것으로 생각된다. 따라서 이 사람들의 이름은 그들의 전투 능력이나 목축 능력에서 따온 것으로 보인다. 아무튼 이와 비슷한 일들이 일어났을 것으로 생각된다.

보헤미아의 가장 흥미로운 점은 오늘날까지 남아 있는 언어

유산이다. 보헤미아 땅은 '보헤미안bohemian'이라는 형용사를 만들었다. 그러면 보헤미안이란 무슨 의미일까? 기본적으로는 '보헤미아에서 비롯된 것들'을 묘사하는 표현이다.

일반적으로 독특하고, 자유분방하고, 창의적인 사람이나 장소를 묘사한다. 이는 특히 예술계에서 많이 사용되고 있다. 시인이나 화가들을 '보헤미안'이라고 부른다. 최근에는 줄임말인 '보호boho'로도 부른다.

유럽 고대 지역이 어떻게 이처럼 최신 유행을 나타내는 형용사의 기원이 되었을까? 이 모든 것은 보헤미아에 정착한 사람들, 즉 로마니족Romani과 관련이 있다. 처음에는 '보헤미안'이라는 말이 부정적인 의미였다. 로마니족의 생활방식은 많은 사람들에게 이상하고 관습에 어긋나 보였고, 보헤미아에 살았던 그들의 생활방식은 '보헤미안'으로 알려지게 되었다.

결국, 오랜 세월이 흐르고 이들에 대한 사람들의 태도가 변한 덕분에 많은 사람들이 이들처럼 관습에 얽매이지 않는 자유분방한 삶을 살고 싶어 했다. 어쩌다 보니 오늘날에는 보헤미안이라는 단어가 모든 사람이 그렇게 불리기를 갈망하는 형용사가 되었다. 전설적인 록그룹 퀸Queen의 명곡 '보헤미안 렙소디' 또한 보헤미안이라는 단어의 대중화를 도왔을지도 모른다.

카르타고
Carthage

● 로마 제국을 거의 멸망 직전까지 몰고 간 제국이 있다면 그 것은 카르타고 제국이다. 로마 제국과 마찬가지로, 카르타고라는 제국의 명칭은 단순하게 수도 명칭의 형용사 형태였는데, 그 수도가 바로 카르타고였다.

카르타고 제국은 북아프리카 전역과 스페인 남부까지 뻗어 있었지만, 도시인 카르타고는 오늘날 튀니지의 북쪽에 있었다. 카르타고와 로마 사이에 놓여 있는 것은 지중해와 이탈리아의 섬뿐이었다. 물론 카르타고는 여러 차례 이 섬을 차지하려고 했다.

카르타고와 로마 사이의 분쟁은 '포에니 전쟁'이라는 일련의 전쟁에서 최고조에 이르렀다. 그중 두 번째 전쟁이 아마도 로마가 거의 정복될 뻔한 전쟁이었을 것이다. 카르타고의 장군 한니발 바르카Hannibal Barca가 로마를 점령하기 위해 코끼리를 타고 스페인을 지나 알프스산맥을 건넌 것이 바로 이 제2차 포에니 전쟁 때였다.

하지만 마지막에 웃은 쪽은 로마였다. 세 번째이자 마지막

포에니 전쟁에서 카르타고 전역이 로마에 점령당하며 완전한 패배로 끝났기 때문이다.

카르타고라는 의미는 단순하다. 그것은 '새로운 도시'를 뜻하는 '페니키아 쿼트 카다쉬Phoenician quart khadash'에서 유래되었다. 이는 카르타고가 처음 세워졌을 때 새로운 도시였기 때문이다. 간단한 이름인 것은 분명하지만, 미래가 보장된 이름은 아니다. 영원히 새로운 도시일 수는 없지 않겠는가!

퓨닉Punic이라는 단어가 떠오른 사람도 있을 것이다. 카르타고에서 온 물건이나 사람들을 묘사할 때 사용하는 형용사이다. 이 단어가 카르타고와는 완전히 다른 발음을 사용하는 것이 이상하게 들릴지 모르지만 말이다. 하지만 오늘날에도 이러한 예는 찾아볼 수 있다.

네덜란드에서 온 물건이나 사람들을 더치Dutch라고 한다는 것을 생각해 보라. 퓨닉은 여러 언어를 거쳐 생겨난 단어이다. 이 사람들은 페니키아인으로도 불렸고, 수년 동안 더 시간이 흐른 후에 페니키아인은 퓨닉인Punic(카르타고인)이 되었다.

타완틴수유
Tawantinsuyu

**네 개의
주요 영역**

● 이 단어를 들어본 적이 없다고 해도 놀라운 일은 아니다. 나 역시 이 책을 쓰기 전에는 전혀 몰랐던 단어이다. '잉카 제국'이 훨씬 더 친숙하게 들리겠지만, '타완틴수유'는 그들의 모국어 인 케추아어Quechua로 된 이 제국의 진짜 이름이다.

이 제국은 '타완틴수유'라는 한 단어가 아닌 더 잘 이해할 수 있는 두 단어로 표기되기도 한다. 케추아어로 '타완틴Tawantin' 이라는 부분은 숫자 '4'를 의미하고, '수유Suyu'라는 부분은 '영 역/지역/도'와 같은 것을 의미한다. 따라서 이를 종합하면 '네 개의 영역'을 의미한다.

수유는 지역 자체의 명칭이었다. 이 제국은 네 개의 방향으 로 나뉘는 주요 지역으로 이루어졌기 때문에 이러한 명칭을 갖게 되었다. 북쪽은 '친차이수유Chinchaysuyu', '동쪽은 안티수 유Antisuyu', '남쪽은 쿨라수유Qullasuyu', '서쪽은 쿤티스유Kuntisuyu' 였다.

그러면 잉카라는 단어는 어디에서 왔을까? 잉카는 잉카인들 이 사용하던 이름이다. 사람들은 잉카 제국의 모든 주민을 잉카족으로 생각하고 있겠지만, 사실은 그렇지 않았다. 잉카라는 용어는 원래 이 제국의 엘리트와 지배층에만 적용되는 용어였다. 케추아어로 잉카라는 단어도 사실은 '지배자/군주'를 의미한다.

결론적으로 잉카인 전체가 잉카인은 아니었던 셈이다! 스페인과 유럽 지역에서 건너온 이주민들은 현재 남미라고 부르는 곳에 도착한 후 주로 그 제국의 지배층과 교류했을 것이다. 그러면서 그들이 스스로를 잉카라고 부른다는 것을 알게 되었고, 이를 보고 주민 전체를 잉카라고 잘못 표기하게 된 것으로 추정된다.

체로키족
Cherokee Nation

산에 사는 다른 말을 하는 원칙주의자

● 아메리칸 인디언 원주민인 체로키족은 북미에서 남미에 이르기까지 모두 존재한다는 특이한 점을 지니고 있다. 다만, 그 규모는 예전보다는 훨씬 축소된 상태이다. 최초의 체로키족 국가는 1794~1907년에 존재했다.

이 국가는 북미에서 거의 완전한 자치권을 지닌 부족 국가로 미국과 공존했다. 체로키족 국가의 거주민들은 당연히 체로키족 원주민들이었다. 이들의 부족 국가는 오늘날 오클라호마주에 속한다. 현재 대폭 축소된 채 남아 있는 체로키족도 여전히 같은 주에 속한다.

이를 이해하려면 체로키라는 이름이 어디에서 왔는지 알아내야 한다. 여기에는 몇 가지 이론이 있다. 하나는 다른 원주민의 언어인 '크리크어Creek'에서 유래했다는 것이다. 이는 그들의 언어로 '다른 말을 하는 사람들'을 의미한다. 또 다른 이론은 '촉토족Choctaw'에서 왔고 '산에 사는 사람들'을 의미한다는 것이다.

하지만 다른 부족이 체로키족의 이름을 만들었다는 것이 그다지 설득력 있어 보이지는 않는다. 만약 체로키족 스스로가 이름을 만들고 싶어 했다면? 다행히도 그들은 그렇게 했다! 더욱 다행인 점은 현재의 체로키라는 발음과는 전혀 다르다는 것이다. 그것은 '아니녀위야Aniyunwiya'였다. 이 이름이 위대한 점은 체로키와 달리 '원칙주의자'라는 정확한 의미를 가지고 있다는 것이다.

팡게아
Pangea

전체 지구를
대표하는 신

● 지금까지보다 훨씬 더 과거로 올라가 보자. 인류가 존재하기도 전 세상이 지금과는 완전히 다른 모습이었던 초대륙 팡게아 시절로 말이다.

아주 먼 옛날 지구상의 모든 땅은 하나로 연결되어 있었다. 그 흔적은 지금도 여전히 남아 있다. 남미의 동해안 지역과 아프리카의 서해안 지역을 맞대어보면 거의 맞아떨어진다는 것을 알 수 있을 것이다.

팡게아는 바로 그 거대한 땅덩어리에 붙은 이름이다. 3억 3,500만~1억 7,500만 년 전에 존재했다고 생각된다. 그렇다. 정말로 아득히 먼 옛날 존재했던 대륙이다!

그 당시에는 아무도 이 땅을 '팡게아'라고 부르지 않았다. 사실 이 땅을 뭐라고 부를 사람조차 존재하지 않았다. 이는 꽤 최근에 만들어진 합성어이다. 팡게아라는 개념 자체는 불과 100여 년 전인 1912년에 만들어졌다. 독일의 지구물리학자인 알프레드 베게너Alfred Wegener의 아이디어이다.

그런데 그는 이 땅에 왜 독일식 이름을 붙이지 않고 대신 그리스식 기원을 담은 이름을 붙였을까? 그리스어나 라틴어로 된 이름을 붙이는 것이 훨씬 더 웅장하게 들릴 때가 많기 때문이다. 그리스어로 '판Pan'은 '전체/모두'를 의미하며, '게아gea'는 '가이아Gaia'와 관련이 있다.

그리스 신화에서 '가이아'는 태고의 신 중 하나이며 지구를 대표하는 이름으로 생각된다. 또한, 가이아는 종종 '지구earth' 대신 사용되던 이름으로 보인다. 따라서 팡게아라는 이름은 '지구 전체'를 의미한다. 이는 팡게아라는 땅이 사실 지구의 땅 전체로 구성되어 있었기 때문이다.

The Origin of Names,
Words and Everything in Between
Volume II

12

건물

Buildings

야외의 멋진 건물들은 이미 실컷 구경했다.
이제 멋진 실내를 감상하고 싶다!
'실내'는 멋진 건축물이 존재하기 때문에 나올 수 있다.
건물은 인간이 다른 동물들과 구별되는 결정적인 요소다.

모든 건물이 동일한 용도로 만들어지는 것은 아니다.
놀이용 건물, 업무용 건물, 종교용 건물, 주거용 건물,
상업용 건물 등 수없이 다양한 건물이 존재한다.

여기서는 특정 건물의 명칭을 다루는 것이 아니다.
그보다 용도별 건물의 명칭을 다루고자 한다.

학교
School

그리스인들의 여가 시간

● 학교는 우리가 삶의 매우 중요한 시기를 보내는 장소이다. 친구들을 만나고, 세상에 대해 배우고, 장차 가지게 될 직업이 형성되는 곳이다.

하지만 학교가 모든 사람의 인생에서 항상 최고의 시간을 제공해 주는 것이 아니라는 것은 부인할 수 없는 사실이다. 학교는 엄청난 양의 숙제와 왕따 문제 등 아이들과 교사들에게 모두 스트레스를 줄 수 있다.

사람들에게 학교는 어느 시점에서 스트레스를 많이 받는 가기 싫은 장소가 될 수도 있다. 그런데 매우 흥미로운 점은 이 단어가 가진 기원은 정반대라는 것이다.

학교의 영어 명칭 스쿨school은 궁극적으로 '쉬는 시간, 여가, 여유, 휴식' 등을 의미하는 그리스어 '스콜레skhole'에서 유래되었다. 이 단어들은 '학교'와는 전혀 무관해 보인다! 하지만 학교가 이러한 어근을 지니고 있는 이유는 학교에서 일어나는 많은 스트레스, 지루함, 걱정스러운 일들이 고대 그리스인들에게는 여가 때 즐기는 쾌락이었기 때문이다.

이들이 쉬는 날 피타고라스 정리를 가지고 놀기도 했다고 상상해 보자. 그리스인들은 고대 그리스의 수학자인 피타고라스처럼 실제로 그런 일을 했다. 피타고라스의 정리라는 명칭도 이러한 이유로 만들어진 것이다.

시간이 지남에 따라 그리스인들이 여가에서 했던 이러한 활동들은 모든 젊은이가 의무적으로 참여해야 하는 것으로 결정되었다. 이 그리스어 단어 '스콜레'는 결국 이러한 활동이 이루어지는 건물에 적용되었다. 학교라는 영어 단어 이후 '전파자 blazer(블레이저)', '컴퍼스compass' 등 공부와 관련된 많은 단어도 뒤따랐다.

영화관
Cinema

**동작을 적고
기록하는 곳**

● 극장, 영화, 사진, 그 밖에 뭐라고 부르든 간에, 이 건물들의
가장 확실한 명칭은 '영화관'이어야 할 것이다. 지난 몇 년 동안
집에서 영화를 보는 것이 엄청나게 쉬워졌지만, 사람들은 영화
관에서 처음으로 영화를 보는 경험을 포기하지 못한다.

팝콘에서부터 트레일러(예고편)에 이르기까지 아마도 영화관
에서 가지는 경험처럼 모두가 함께 누리는 공통적인 것도 없을
것이다. 영화 상영 도중 전화를 하는 사람이 없다면 말이다.

이런 종류의 건물에 대해 흥미로운 것은 이 건물이 그 존재
에 중요한 도구인 '시네마토그래프cinematograph(영사기)'에서 명
칭을 따왔다는 것이다. 이는 프랑스의 뤼미에르 형제가 디자인
한 최초의 카메라이다. 이것은 실제 세계가 움직이는 것을 포
착할 수 있음은 물론, 모든 이들이 거대한 스크린에서 움직이
는 세계를 함께 볼 수 있도록 해주었다.

물론 현대의 영화 제작자들은 이제 이러한 구식 카메라를 자주
사용하지 않는다. 하지만 그들의 블록버스터를 상영하는 건물에
는 여전히 이러한 장치들을 기리기 위한 이름이 붙여져 있다.

모두 괜찮고 훌륭한 설명이지만, 또 다른 의문이 생긴다. 그렇다면 이 카메라들은 어떻게 그러한 이름을 갖게 되었을까? 앞서 언급했듯이 처음 만든 사람들은 프랑스인이었다. 그래서 처음에는 이것을 프랑스어로 '시네마토그라프cinématographe'라고 불렀다.

하지만 이 단어는 원래 그리스어에서 온 것이다. 앞부분은 '동작'을 의미하는 '키네마kinema'에서 비롯되었고, 뒷부분은 '사용하다'를 의미하는 일반 접미사인 '그라피graphy'에서 왔다.

따라서 이 명칭은 '동작을 기록하다'는 의미가 되는데, 아름다움을 내포한 명칭이라고 할 수 있다. 옛사람들에게는 동작을 적고 기록한다는 생각이 황당해 보였을 것이기 때문이다. 하지만 이제는 그러한 일이 가능하게 되었다! 어쩌면 나는 단지 영화를 좀 아는 체하는 사람일 뿐이겠지만 말이다.

병원
Hospital

손님이나 낯선 사람을
접대하는 곳

● 병원은 아마도 우리 사회에서 가장 중요한 건물일 것이다. 우리 대부분의 삶이 시작되고 또한 끝날지도 모르는 장소이기

때문이다. 병원을 방문하지 않고 평생을 사는 사람은 거의 없다. 이 단어는 궁극적으로 라틴어 '호스페스hospes'에서 유래한 것이다.

이 단어에는 다소 독특한 것이 있는데, 의미가 매우 다양하다는 점이다. 라틴어 호스페스는 '호스트host(주인)'를 의미한다. 또한 '낯선 자', '손님', '방문객' 등을 의미하는 단어이기도 하다. 이 모든 의미가 한데 뒤섞여 호스페스는 손님이나 낯선 사람을 접대한다는 의미가 되었다.

병원을 찾는 사람들 대부분은 그곳에서 일하는 사람들에게는 낯선 사람들이다. 하지만 그들은 극진한 대접을 받는다. 병자들이 회복되는 이곳에 대해 다들 잘 알고 있을 것이라고 확신한다. 병원은 방문객들에게 '친절한hospitable' 곳이라고 할 수 있다!

형용사 '친절한hospitable'은 라틴어 호스페스가 얼마나 놀라운 단어인지를 말해 준다. 이 단어에서 파생된 단어가 아주 많기 때문이다. 여기에는 '접대hospitality'라는 명사도 포함된다.

접대는 접대업이라는 산업을 총칭하기도 한다. 식당, 술집, 테마파크 등이 여기에 속한다. 왜냐하면 이 모든 직업들이 손님/낯선 사람들을 접대하고 돌보는 일이기 때문이다. 누군가 접대업에 종사한다고 하면, 그 사람은 엑스레이를 촬영하는 것이 아니라 음식을 주문받고 있을 가능성이 훨씬 더 크다.

라틴어 호스페스는 완전히 다른 종류의 건물 이름에도 영향을 주었다. 그것은 바로 '호텔hotel'이다. 이 또한 '주인/낯선 사람'을 뜻하는 라틴어 단어 '호스페스'에서 이름을 따왔다. 병원과 마찬가지로 호텔도 손님을 돌보는 곳이기 때문이다. 호텔 투숙객들이 병원 환자들보다 좀 더 행복하다고 생각되지만 말이다. 병원들도 베갯머리에 초콜릿을 놓아두는 것을 고려해야 할지도 모른다.

델리카트슨
Delicatessen

매력적이고
맛있는 상점

● 만약에 '델리카트슨Delicatessen'이라는 단어를 보고 무엇인지 잘 모르겠다면 '델리deli'라는 줄임말로 된 건물들을 보면 더 잘 알게 될 것이다. 델리카트슨은 치즈에서 고기에 이르기까지 많은 맛있는 음식을 파는 멋진 상점이다.

대부분의 델리는 또한 이들 제품을 샌드위치에도 넣어 판매할 것이다. 이런 상점들은 아마도 뉴욕시와 가장 밀접한 관련이 있을 것이다.

하지만 이 명칭이 영어에서 유래한 것이 아니라는 것을 알아차렸을 것이다. 델리카트슨은 독일어에서 기원한 것으로 보인다. 이는 독일어 명칭이지만, 프랑스어 '델리카테세delicatesse'에서 유래했다. 또한 델리카테세는 이탈리아어인 '델리카테자delicatezza'에서, 그리고 델리카테자는 라틴어인 '델리카투스delicatus'에서 유래했다.

따라서 이러한 시설들의 이름을 이해하려면 이 라틴어를 이해해야 한다. 그리고 영어로는 '매력적인alluring', '맛있는dainty'이라는 의미이다. '맛있는dainty'은 딱히 커다란 델리 샌드위치와 연관할 단어는 아니지만, 매력적인 것은 분명하다.

음식은 그 자체가 워낙 맛있는 것 같다. 아직 짐작이 가지 않을 수도 있지만, 이 라틴어에서 파생된 또 다른 형용사로는 '섬세한delicate'이 있다. 이는 꽤 명백하지만, 사실 나는 전혀 알아차리지 못했다. '델리카트슨'이라는 단어 안에 '섬세한'이라는 단어가 들어 있다니!

약국
Pharmacy

우리를 지켜주는
마법과 지혜의 신

● 약국pharmacy은 의약품을 판매하는 상점이다. 형태는 다르

지만, 델리 샌드위치만큼 좋은 곳이다. 이 단어는 건물에 적용되기 전에 실제로 약품 그 자체를 의미했다. 약국은 불행하게도 정확히 어디서 유래했는지 확신할 수 없는 단어 중 하나이다. 약과 몸을 치료하는 방법에 대한 연구는 엄청나게 오래되었기 때문이다.

이 단어는 그리스어 '파마콘pharmakon'까지 추적할 수 있다. 파마콘은 '약drug'을 의미하기도 하고 '매력charm/마법spell/매혹enchantment/독poison'을 의미하기도 한다. 과거의 사람들이 병을 고칠 수 있다고 생각하는 방식이었던 것으로 추측된다. 또한 그리스인들이 '의료remedy'라는 용어로 이 단어를 더 간결하게 사용하는 것을 본 적이 있다.

이 그리스 용어가 심지어 더 오래된 고대 이집트의 단어인 '프아르마키ph-ar-maki'로 거슬러 올라간다는 주장도 있다. 이는 '안보 책임자'를 의미한다. 이 이름은 이집트의 마법과 지혜의 신 토트Thoth와도 관련이 있다고 생각된다. 건강이 좋지 않을 때 환자를 지켜줄 사람이 바로 그였기 때문이다.

재미있는 생각이지만, 안타깝게도 이를 뒷받침할 근거는 많지 않다. 같은 영어권 국가에서도 약국은 지역마다 서로 다른 이름으로 불린다. 약국을 '케미스트chemist'라고 부르는 것도 들어보았을 것이다. '케미스트'를 약국으로 사용하는 곳이 더 많은데, 이는 놀랍도록 신비롭고 마법적인 느낌을 준다!

체육관
Gymnasium

**벌거벗은 채로
운동하는 곳**

● 체육관gym은 사람들이 자기 몸에 대해 믿을 수 없을 정도로 자의식을 가지는 장소인 것 같다. 자신이 너무 뚱뚱하든 너무 말랐든 모든 사람이 자신을 쳐다보고 있다고 걱정하는 곳이다.

어떤 옷을 선택하느냐가 이에 대한 스트레스를 더욱 가중하게 만든다. 옆의 러닝머신에서 뛰는 사람이 최신 트레이닝복을 입고 있을 때 자신은 후줄근한 파자마 같은 옷을 걸치고 싶지는 않을 것이다.

옛 격언 중에 만약 긴장을 느낀다면 모든 사람이 벌거벗은 모습을 상상해 보라는 말이 있다. 모두가 벌거벗었다면 체육관이 그렇게 위압적이지는 않을지도 모른다. 왜 벌거벗은 얘기를 하냐고? 왜냐하면 체육관이라는 명칭은 그 건물 안에 있는 모든 사람이 벌거벗어야 한다는 것을 의미하기 때문이다.

우리는 모두 고대 그리스인들이 나체로 스포츠 경기에 참여하는 것을 얼마나 좋아했는지 알고 있을 것이다. 초기의 올림픽에서는 많은 종목에서 나체로 경기가 진행되었다는 이야기도 있다. 그들은 운동 연습도 옷을 입지 않고 했을 것이다. 체육관이라는 단어는 '벌거벗은 채로 훈련하는 곳'이라는 의미이며, 이는 그리스어로 '나체'를 나타내는 '김노스gymnos'에서 유래된 것이다.

그리스인들은 오늘날의 사람들과는 달리 운동하는 동안 자신이나 자기가 입고 있는 옷이 다른 사람들에게 어떻게 보이는지에 대해 신경 쓰지 않았다. 벌거벗는 것은 운동 과정에서 필수적인 부분이어서 그들은 운동하는 건물을 이런 사실에서 따와서 명명했다. 그러니 진정한 올림픽 선수처럼 훈련하고 운동하고 싶다면, 다음에 체육관에 갈 때는 그냥 옷을 벗고 가야 할 것이다.

유대교 회당
Synagogue

**함께 움직이고
행동하는 곳**

● 히브리어와 이디시어와 같은 언어들이 유대교와 더 밀접하게 연관되어 있지만, 그들의 예배당 건축물의 명칭은 그리스어에서 온 것이다. 이 단어는 종종 '집회소'를 의미하는 것으로 보인다. 유대인들이 예배를 드리기 위해 모이는 곳이기 때문이다.

이 단어는 궁극적으로 두 단어에서 파생되었다. 뒷부분은

'움직이다/행동하다'를 의미하는 그리스어 '아게인agein'에서 온 것이고, 앞부분은 단어를 형성하는 요소인 '신syn'에서 왔는데, 이는 '함께'라는 뜻이다.

앞 단어에서 아주 흥미로운 점은 '함께'라는 동일한 의미를 지닌 모든 언어에서 볼 수 있다는 것이다. 서로 뜻이 같은 단어를 뜻하는 '시노님synonym(동의어)'이 그 예이다. '종합' 또는 '합성'을 의미하는 '신세시스synthesis'도 같은 예이다. '시나고그synagogue'의 '신syn' 역시 같은 의미이다.

묘소
Mausoleum

사람들의 유골을
수용하는 건물

● 이 건물이 정확히 어떤 곳인지 궁금하다면 무덤을 생각하면 된다. 하지만 이 건물에서는 지하에 시신을 묻고 묘석을 세우는 대신 건물 자체가 시신을 영원히 수용하기 위한 용도로 지어졌다.

묘소는 모양과 크기가 아주 다양하다. 공동묘지에 있는 작고 수수한 건물일 수도 있고, 놀라운 건축물일 수도 있다. 인도의 사랑받는 타지마할은 묘소이다. 죽음과의 연관성 때문에 이 건물은 사람들이 일반적으로 모든 무서운 건물에 사용하는 용어가 되었다.

이 명칭의 뒷부분 -eum은 다른 용어에서도 볼 수 있는데, 가장 눈에 띄는 것은 '박물관museum'이다. 이는 우리가 건물에 사용하는 그리스 기원의 단어 형성 요소였다. 앞부분 '마우솔mausol'은 흥미롭다. 기원전 377~353년 오늘날 튀르키예의 일부인 '카리아Caria'의 지배자인 '마우솔루스Mausolus'라는 인물의 이름을 딴 것이기 때문이다.

마우솔루스는 국민에게 사랑받는 위대한 통치자였으며 특히 고대 그리스 전쟁에서 활약했다. 그의 참전 덕분에 도시국가 동맹이 아테네를 정복할 수 있었다. 따라서 그의 죽음에 많은 사람들이 비통해 했다. 특히 그의 미망인이자 여동생인 아르테미시아Artemisia의 슬픔은 이루 말할 수 없었다. 그녀는 남편의 죽음을 애도하고 그의 삶을 기리고자 그의 시신을 안치하는 거대한 건물의 건설을 지시했다.

이 건물의 이름이 바로 그의 이름을 따서 붙여질 것이었다. 이 초기의 묘소는 고대 세계의 7대 불가사의 중 하나로 여겨지는 웅장한 건물인 '할리카르나수스Halicarnassus'에 있는 무덤으로 알려지게 되었다. 이러한 놀라움에서부터 마우솔레움이라는 단어는 사람들의 유골을 수용하는 모든 건물에 적용되었다.

방갈로
Bungalow

● 우리 인간은 다층 주택에서부터 고층 빌딩의 아파트에 이르기까지 다양한 건물에서 산다. 하지만 가장 재미있는 명칭을 가진 건물은 '방갈로'이다. 방갈로는 단층으로 이루어진 집으로, 계단에 싫증이 난 사람들에게 이상적이다.

어떤 종류의 집이든 한 층이면 세계 어디에 있든 상관없이 방갈로로 간주될 수 있다. 하지만 항상 그랬던 것은 아니다. 왜냐하면 처음에 방갈로는 인도 아대륙에 특정한 방식으로 지어진 집을 의미하는 단어였기 때문이다.

인도 동부에 있는 '벵골Bengal'은 인도 일부와 방글라데시의 본거지이다. 이곳의 전통 가옥은 단층집이다. 힌디어에서는 이런 종류의 집이 '벵골 양식의 낮은 집'이라는 뜻의 '방글라bangla'로 알려지게 되었다. 이 힌디어는 또 다른 지역 언어인 구자라티어에 의해 채택되었다.

구자라티어에서는 이 단어가 벵골에 있든 없든 간에 '1층짜리 집'을 의미하는 '방갈로'가 되었다. 이 구자라티어는 결국 영어로 쓰이게 되었고, 오늘날 우리가 알고 있는 방갈로로 변형되었다. 벵골어와는 상관없이 모든 단층 주택에 적용되었다.

그로세테리아
Groceteria

**셀프서비스
식품 잡화점**

● 이 장은 건물 명칭이 될 뻔했던 단어로 마무리 지으려 한다. 우리가 음식을 사는 상점은 영어권에서는 '슈퍼마켓supermarket' 이나 '식료품점grocery store'으로 불린다. 하지만 이 가게들은 완전히 다른 이름으로 명명될 수도 있었다. 역사가 달리 진행되었다면 우리는 모두 '그로세테리아groceria'라는 이름의 가게에서 음식을 구매하고 있을지도 모른다.

전 세계에 있는 슈퍼마켓은 다 비슷비슷하다. 진열대에 쌓여 있는 상품들을 골라 담아 계산대로 가지고 가서 구매하는 것이다. 그런데 우리가 항상 이런 식으로 음식을 구매하지는 않았다.

과거에는 고객이 가게로 걸어 들어가 어떤 상품을 사고자 하는지 가게 주인에게 말했다. 그러면 가게 주인은 그들을 위해 그들의 상품을 가지고 와서 포장했다. 속도는 느리지만 확실히 매력적인 방식이었다.

상황이 바뀌기 시작한 것은 20세기 초였다. 점원들이 손님들의 변덕에 신경을 쓰지 않게 되었다. 상품은 꾸러미로 묶여서 판매되기 시작했고, 고객들은 상품을 선반에서 직접 가지고 왔다.

점원을 줄이는 것은 가게 주인들에게 돈과 시간이 절약된다는 것을 의미했다. 이러한 가게들이 점점 더 많이 나타나기 시작했는데, 1916년에는 미국에서 처음으로 '피글리 위글리Piggly Wiggly'라는 명칭의 슈퍼마켓 체인이 문을 열었다.

이런 형태의 가게는 그 당시에는 너무나도 혁명적이어서 새로운 명칭이 필요했다. 이보다 몇 년 전인 1913년에 상표로 등록되었던 가게 명칭이 바로 '그로세테리아'였다. 이러한 셀프서비스 슈퍼마켓에 이 단어가 사용되었더라면 좋았을 것이다. 이 명칭을 선호하는 이유는 꽤나 논리적이기 때문이다.

물론 앞부분은 '그로서리grocery(식료품점/식료품)'에서 나온 것이고, 뒷부분은 '카페테리아cafeteria'라는 이름에서 영감을 받았다. 카페테리아는 음식을 제공하는 장소이기 때문에 식료품을 제공하는 '그로세테리아'라는 이름은 무척 적절해 보인다.

테리아teria라는 접미사가 사실상 모든 셀프서비스 형태에 붙기를 바랐다. '그로세테리아'라고 읽으면 여전히 1920년대의 분위기가 느껴진다. 하지만 결국 시간의 흐름 속에서 잃어버린 명칭이 되고 말았다.

The Origin of Names,
Words and Everything in Between
Volume II

13
웹사이트
Websites

"

컴퓨터에서든 휴대전화기로든 웹사이트는
우리의 모든 삶에서 가장 주요한 특징 중 하나가 되었다.
우리는 웹사이트를 통해 물건을 사고,
무언가를 배우고, 소식을 듣는다.

어떤 사람들은 웹사이트에서 사랑하는 사람을 찾는다.
다양한 관심사를 다루는 수많은 웹사이트가 있지만,
그중 몇 개는 현대 사회에서 큰 골칫거리가 되었다.

여기서는 웹사이트들을 찾아볼 것이다.
하지만 가장 인기 있는 '구글'이라는 명칭은 여기에 없다.
전편에서 '구글'이라는 명칭을 설명했기 때문이다.
여러분은 분명히 이미 읽었을 것이다. 그렇지 않은가?

"

아마존
Amazon

사전에서 찾은
거대한 웹사이트

● 여러분이 무언가 사고자 한다면 아마존이 그 물건을 판매해서 여러분의 현관 앞으로 배송해 줄 것이다. 아마존에서 지금 이 책을 구입했을 수도 있고, 아마존이 소유한 기기에서 이 책을 읽을 수도 있고, 아마존이 소유한 다른 웹사이트를 통해서 이 책을 듣고 있을 수도 있다.

　아마존은 책을 팔기 시작했다. 그리고 어떤 특정한 책 덕분에 아마존이라는 명칭을 갖게 되었다. 그 책은 바로 사전 dictionary이었다.

아마존은 이 이름에 앞서 일련의 가능한 명칭들을 검토했다. 가장 눈에 띄는 것은 마술사들의 주술처럼 들리는 카다브라닷컴cadabra.com이었다. 하지만 '시체cadaver'를 연상시킨다고 생각한 사람이 너무 많았기 때문에 이 명칭은 버려졌다.

아마존의 창업자 제프 베조스는 새로운 이름을 찾기 위해 사전을 뒤졌다. 그는 A로 시작하는 이름을 원했다. 다양한 디렉토리의 맨 위에 나타나기를 원했기 때문이다. 사전에서 아마존이라는 이름을 찾아냈다. 그것이 그에게 말을 걸어왔다.

아마존은 세계에서 가장 큰 상점의 명칭이 되기 전에는 세계에서 가장 큰 강 중 하나였다. 베조스는 아마존강처럼 엄청난 크기로 사람들이 경외하도록 만들 수 있는 거대한 웹사이트로 만들고 싶었다. 아마존닷컴Amazon.com은 이제 꽤 큰 규모로 성장했기 때문에 그 명칭을 따라간 셈이다.

아마존과 함께 검토된 다른 명칭으로는 어웨이크Awake, 브라우즈Browse, 북몰Bookmall, 리렌틀리스Relentless 등이 있다. 이 명칭 중 몇몇은 아주 진지하게 검토되었다. 지금도 리렌틀리스닷컴relentless.com이라는 주소로 방문한다면 이는 다름 아닌 아마존으로 안내될 것이다.

레딧
Reddit

● 레딧이라는 웹사이트는 종종 인터넷 첫 페이지에 등장하기를 좋아하는데, 이는 그럴 만한 이유가 있다. 레딧은 콘텐츠를 호스팅하는 웹사이트와는 달리 링크를 공유하는 웹사이트이기 때문이다. 레딧은 다른 웹사이트의 콘텐츠를 공유하는 곳이다. 전 세계 웹에서 입소문이 난 엄청나게 많은 것들이 시작되는 곳이다.

이는 레딧에서 활동하면 무엇이 곧 인기를 끌지 엿볼 수 있음을 의미한다. 인터넷의 기본 마당이다. 친구나 가족이 재미있는 사진이나 기사를 보여줄 때는 레딧에서 이미 보았거나 레드잇read it(읽었을) 가능성이 크다.

그래서 이 웹사이트에 '레딧'이라는 이름이 붙은 것이다. 이는 일종의 말장난이다! 웹사이트에서 충분한 시간을 보낸 후, 누군가 여러분과 흥미로운 기사나 재미있는 이야기를 공유한다면, 여러분은 그들에게 "나는 이미 레딧에서 그것을 읽었다"라고 말할 것이다.

초창기에는 이 웹사이트를 레딧이라고 부르는 것이 어색했지만, 아니나 다를까, 이는 꽤 잘 어울리는 이름임이 입증되었다. 이 명칭은 또한 라틴어인 '레디트reddit'와도 잘 연결되는데 '승인을 위해 제출한다'는 의미이기 때문이다.

사람들이 인터넷에서 승인하기를 바라는 마음으로 이곳에 물건을 제출하도록 하는 웹사이트이기 때문에 이 명칭은 적합하다. 정말 흥미로운 우연이다. 물론 이 이야기도 레딧에서 읽은 것이다.

바이두
Baidu

수백 번을 뒤지다
문득 발견하다

● 나는 인터넷에 꽤 많은 시간을 소비하는 사람인데 어떻게 바이두 웹사이트를 한 번도 방문하지 않았을까? 이 사이트는 인터넷 전체에서 네 번째로 인기 있는 사이트로 꼽히지만, 내 주변에서는 아무도 이 사이트를 사용했다는 사람을 본 적이 없다. 왜냐하면 이는 중국의 웹사이트이기 때문이다.

바이두는 사실상 검색 엔진이다. 그래서 중국 밖에서는 거의 사용되지 않지만, 중국의 엄청난 인구로 인해 세계에서 가장 인기 있는 사이트 중 하나가 되었다. 이 웹사이트의 명칭은 세계적인 웹사이트인 구글과 비슷한 어원을 가지고 있다.

구글은 10의 100제곱을 의미하는 '구골 googol'이라는 숫자에서 유래한다. 검색 엔진은 불가능할 정도로 많은 수의 결과를 나타낼 수 있어야 하기 때문에 이 불가능하게 큰 수의 이름을 따서 명명되었다.

바이두라는 명칭은 문자 그대로 '100번' 또는 '수없이 많은 시간'으로 번역되기 때문에 놀랍도록 엄청난 양의 답이 들어 있다는 이미지를 끌어낸다. 이 명칭이 특히 흥미로운 점은 이 단어가 남송 때 시인 신기질辛棄疾의 시 '정월대보름의 푸른 옥상'의 한 구절에서 유래했다는 것이다. 이 명칭이 구글과 비슷한 의미를 나타내기 위해 선택된 것이 아니라는 것이다.

이 시에는 '군중 속에서 수백 번을 뒤지다 문득 뒤돌아보니 그는 가장 희미한 촛불 속에 있다'는 구절이 있다. 이는 바이두라는 명칭이 구글이라는 명칭과 같은 개념을 띄고 있음은 물론 중국 역사에서 나온 멋진 시와도 관련이 있음을 보여준다.

인스타그램
Instagram

구식 즉석카메라와
텔레그램

● 나이가 좀 있는 사람들은 '인스타그램'의 원래 로고가 구식 즉석카메라의 로고였다는 것을 기억할 것이다. 이러한 카메라의 정신이 이 앱에 영감을 준 것이다. 인스타그램은 사진을 찍어서 모든 사람과 바로 공유할 수 있는 것이 매력이다.

이 명칭에서 '인스타insta'라는 부분이 이 즉석카메라에서 나온 것이다. 그렇다. 이러한 종류의 카메라들은 폴라로이드 카메라라고 불리는 것이 아니다. 이는 가장 유명한 즉석카메라의 브랜드 명칭일 뿐이다.

이 명칭의 뒷부분은 '자발성'과 '빠르게 물건을 받는 것', 즉 '전보'에 뿌리를 두고 있다. 전보는 원래 즉석 메신저로서 짧은 메시지를 더 짧은 시간 안에 전 세계로 전송하는 방법이었다.

이러한 전보는 인스타그램 제작자들에게 다시 한 번 영감을 주었다. 특히, 플랫폼의 이름에 영향을 미쳤다. 인스타그램이라는 명칭은 즉석카메라와 텔레그램을 모두 상징한다. 두 가지 시대에 뒤떨어진 기술이 이 현대적인 웹사이트에 명칭을 부여한 것이다.

이베이
eBay

기술 컨설팅 회사
에코 베이

● 온라인 경매의 마지막 몇 초보다 더 스트레스를 받는 것도 드물 것이다. 시간이 마감되어 가는 것을 보면서 아무도 여러분이 얻고자 하는 물건에 대해 여러분이 제시한 가격보다 더 높은 가격을 제시하지 않기를 기도하는 것이다.

최근에는 좀 더 전통적인 방식으로 판매하지만, '이베이eBay'는 경매로 가장 유명한 사이트이다. 그리고 철자는 소문자 e와 대문자 B로 써야 한다. 그것이 규칙이다.

이 사이트는 원래 단순히 '옥션웹AuctionWeb'이라고 불렸으며 이곳이 경매 사이트임을 훨씬 더 명확하게 반영했다. 이 웹사이트에서 최초로 고장 난 레이저 포인터에 대한 성공적인 판매가 이루어진 후 사이트 설립자인 피에르 오미디야르Pierre Omidyar는 독특한 명칭으로 사이트를 운영하기를 원했다.

오미디야르는 처음에 자신의 기술 컨설팅 회사인 '에코 베이Echo Bay'의 이름을 따서 이 사이트의 명칭을 짓기를 원했다. 불행하게도 도메인 에코베이닷컴echobay.com은 이미 캐나다의 한 광산회사가 확보하고 있었다. 그래서 그는 그것을 에코 베이라고 부르는 대신 에코를 e로 줄여서 eBay라고 부르기로 결정했다.

많은 사람들은 e가 '전자제품electronic'의 약자라고 추측했다. 이는 논리적인 생각이지만 사실은 아니다. 그러나 내가 알아낼 수 없었던 것은 왜 오미디야르가 그의 회사 이름을 애당초 에코 베이라고 지었는가 하는 것이었다. 지구상에 그런 이름을 가진 곳들이 있기는 하지만, 이러한 장소들과 오미디야르 사이에는 어떤 연관성도 찾을 수 없었다. 아마도 그가 좋아하는 명칭이었을 것이다.

애스크 지브스
Ask Jeeves

**집사 지브스에게
물어봐**

● 지금 생각해 보면 이상하게 보일 수 있지만, 인터넷이 새로운 것이던 시절이 있었다. 우리는 쉽게 웹을 탐색할 수 있지만, 처음에는 사람들이 기본적인 웹 브라우징이 어떻게 작동하는지 이해하려면 도움을 받아야 했다.

외계인이 검색창에 무언가를 넣고 결과를 얻는 것이 그 초기에는 어떻게 보였을지 상상해 볼 필요가 있다. 다행히도 그 초기에는 어떤 사람이 도움을 줄 수 있었다. 그것이 '지브스Jeeves' 였다.

21세기 초 출판사 'P.G. 우드하우스Wodehouse'를 통해 『지브스 와 우스터』가 출판된 이후 지브스는 전형적인 집사의 대명사 가 되었다. 집사들은 어떤 식으로든 다른 사람에게 도움을 줄 수 있는 사람들이다. 그들은 특히 사람들이 검색 엔진을 잘 이 해하지 못했던 시기에 검색 엔진을 도와준다는 좋은 은유 표현 이었다. 이것이 '애스크 지브스Ask Jeeves(지브스에게 물어봐)'라는 검색 엔진에 '지브스'라는 이름을 사용한 이유이다.

상상 그대로의 집사 모습을 한 지브스라는 이름 덕분에 사람 들은 실제 집사에게 물어보는 것처럼 이 검색 엔진에 질문을 할 수 있다는 것을 쉽게 깨달았다. '애스크 지브스'는 새로운 제 품 정보를 다른 사람보다 먼저 접하고 구매하는 소비자인 얼리 어답터들이 월드와이드웹(www)이 정확히 어떻게 작동하는지 이해하는 데 중요한 역할을 했다.

세월이 흘러 사람들이 인터넷을 파악하게 되면서 지브스는 더 이상 필요하지 않게 되었다. 그는 해고된 것이 아니라 그저 자기 임무를 다 완수했을 뿐이다. 2006년 이 사이트의 이름은 간단히 '애스크닷컴Ask.com'으로 바뀌었고, 지브스가 은퇴할 것 이라는 내용의 설명글이 블로그를 통해 게시되었다.

이 명칭이 이제는 존속하지 않지만, 그 유산은 확실히 존속할 것이다. 덧붙여서, 애초에 '지브스'라는 명칭이 사용되지 못했을 수도 있었다. 그 사이트 제작자는 P.G. 우드하우스로부터 문학 속 인물인 지브스의 이름과 초상화를 사용하는 것을 허락받지 못했기 때문이다.

—

야후!
Yahoo!

**어리석은
이방인**

● 야후는 인터넷 초창기에 생겨난 또 다른 사이트이다. 야후는 야후 웹사이트를 중심으로 야후 지도, 야후 메일, 야후 뉴스, 그리고 악명 높은 야후 앤서스 등 많은 하부 사이트를 거느리고 있다.

이 웹사이트가 인터넷의 많은 부분을 차지하고 있다는 사실 때문에 원래 이름은 '제리와 데이비드의 월드 와이드 웹 가이드Jerry and David's Guide to the World Wide Web'였다. 이 웹사이트는 인터넷의 모든 것에 대한 안내서였다. 제리와 데이비드는 이 사이트의 설립자 '제리 양Jerry Yang'과 '데이비드 파일로David Filo'의 이름이다. 무작위로 지은 이름이 아니다.

사이트가 성장하면서 길고 번거로운 이름이 불필요해졌

다. 제리와 데이비드는 그들의 웹사이트 명칭을 '야후'라는 단어로 결정했다. 두 사람은 야후가 'Yet Another Hierarchical Officious Oracle(또 하나의 계층적이고 주제넘은 신탁)'의 약자라고 주장했다. 꽤 유머 감각이 있다.

그들이 이 비공식적인 의미를 좋아했기 때문에 '야후'를 선택했다고 말하기도 했지만, 그것은 무례하고 세련되지 않은 미국 남부인을 지칭하는 용어이다. 어리석은 이방인이라는 이미지가 그들에게 어필했고, 그 이후로 그들은 '야후'가 되었다.

사실 우리는 이 웹사이트를 '야후!'라고 불러야 한다. 그들의 이름은 법적으로는 느낌표가 붙어 있기 때문이다. 어떤 BBQ 소스 회사가 야후 명칭을 이미 소유하고 있었기 때문이다.

로튼 토마토
Rotten Tomatoes

공연에 썩은
토마토 던지기

● 오늘날 사람들은 영화가 얼마나 많은 별점을 얻을지에 연연하지 않지만 자신이 좋아하는 영화가 '신선하다'는 것을 인정받고 싶어 한다. 몇 년 동안 기다려온 영화가 '썩었다'는 소리를 듣는 것은 두려울 것이다.

가장 중요한 것은 사람들이 영화가 '토마토 미터Tomato-meter'에서 좋은 점수를 받기를 바란다는 점이다. 우리가 영화 비평에 사용하는 이 새로운 어휘는 영화 리뷰 및 집계 웹사이트인 '로튼(썩은) 토마토Rotten Tomatoes'에서 비롯된 것이다. 이 명칭이 영화와 공연의 수준에 관한 웹사이트라기에는 믿을 수 없을 정도로 이상하게 보일 수 있다. 하지만 토마토와 공연의 수준은 오랜 기간 상호 연결된 역사를 지니고 있다.

셰익스피어의 글로브 극장이나 다른 적절한 웅장한 무대를 상상해 보라. 이 무대에는 배우, 가수, 무용가 등 다양한 연기자가 있다. 불행하게도 그들은 최선을 다하지 않는 연기를 했고 청중들은 이를 깨닫기 시작했다. 그러면 무슨 일이 일어날까?

우리는 연기자의 공연이 형편없다는 이유로 무대에서 야유를 받는 전형적인 장면을 잘 알고 있다. 보통은 썩은 농산물을 무대로 내던지는 장면이 뒤따른다. 마음에 들지 않는 것에 채소를 던지는 관습은 오래된 전통이다. 로마 황제 베스파시아누스Vespasian가 너무 인기가 없어서 서기 1세기에 순무를 맞았다는 증거도 있다.

해가 거듭될수록 인정할 수 없는 것에 채소를 던지는 행위는 극장 내에 정착되기 시작했다. 모양, 크기, 던지기 쉽다는 점, 그리고 철썩거리며 터지는 성질 덕분에 썩은 토마토는 연기력이 나쁜 배우들에게 던지는 농산물이 되었다. 그 첫 번째 기록은 뉴욕에서 한 배우가 썩은 달걀과 썩은 토마토 공격을 당했던 1883년으로 거슬러 올라간다.

수 세기 동안 썩은 토마토는 공연에 대한 사람들의 반응을 나타내는 척도와 연관되었다. 요즘 관객들은 진짜 썩은 토마토로 영화에 대한 혐오감을 드러내는 대신 '로튼 토마토'라는 웹사이트를 방문해 영화에 대한 불쾌감을 드러낸다.

처음에는 아주 이상해 보이겠지만, 사실은 믿을 수 없을 정도로 잘 어울리는 명칭이다. 사이트가 이 명칭을 가지고 있는 이유가 꼭 이 사실 때문만은 아니었다. 이 사이트의 제작자인 센흐 더옹Senh Duong은 영화 '레올로Leolo'의 열렬한 팬이었다. 이 영화에는 부모가 이탈리아 농부이고 거대한 토마토라고 상상하는 한 소년이 등장한다.

이 영화에 등장하는 소년의 아버지인 토마토가 이 사이트 이름에 영감을 주기도 했다. 이 영화를 아는 사람은 많지 않지만, 인터넷에서 가장 인기 있는 영화 기반 웹사이트의 명칭을 짓는 데 일조하며 영화 역사에서 큰 역할을 한 것으로 보인다.

유튜브
YouTube

**내가 만드는
텔레비전**

● 많은 문제들과 결점이 있지만, 유튜브가 나에게는 믿을 수 없을 정도로 특별한 위치를 차지하고 있다는 것을 여러분들 모두 잘 알고 있을 것이다. 이 웹사이트가 없었다면 나는 이 책을 쓰지도 못했을 것이다. 유튜브는 현재 검색 엔진에 이어 세계에서 두 번째로 많이 방문하는 웹사이트라는 타이틀을 보유하고 있다. 하지만 이 사이트의 명칭은 꽤 간단하다.

이름 속의 '유you'는 물론 '너'을 나타낸다! 이 웹사이트는 누구나 동영상을 업로드할 수 있도록 허용하기 때문이다. '튜브tube' 부분은 텔레비전의 옛 별명인 '튜브tube'에서 유래했다. 옛날 TV는 브라운관이라는 것으로 구성되어 있었기 때문에 텔레비전을 '튜브'라고 불렸다. 이 튜브는 과거에 많은 사람에게 쇼와 영화를 보여주었다. 텔레비전은 오늘날까지도 여전히 튜브로 알려져 있다.

전통적인 텔레비전도 분명히 여전한 인기가 있지만, 유튜브는 수백만 명이 보고 즐길 수 있는 새로운 형태의 콘텐츠를 우리에게 보여줬다. 하지만 여러 면에서 이는 전통적인 텔레비전과 유사하다. 배우나 연기자들이 TV에 나오는 대신 유튜브에는 '나' 혹은 '여러분' 같은 평범한 사람들이 침실과 지하실에서 영상물을 만들고 있다. 당신을 위한 튜브인 것이다.

디 어니언
The Onion

**주간 유니언
풍자 신문 어니언**

● '디 어니언'은 미국 최고의 뉴스 소스라고 자화자찬한다. 이 웹사이트는 놀랄 정도로 인기가 있을 뿐 아니라, 많은 사람들이 실제로 이곳에서 기사를 읽고 있다. 하지만 그 기사들이 정확한 사실은 아닐 수도 있다.

디 어니언은 시사적인 문제를 풍자하는 뉴스 웹사이트이다. 여기서 이루어지는 패러디는 인기가 아주 많아서 책, 비디오, 그리고 심지어 영화까지 생겨났다! 하지만 이 모든 것, 심지어 웹사이트가 존재하기 이전에, 디 어니언은 위스콘신의 두 대학생이 만든 주간 풍자 신문이었다.

이 사이트가 디 어니언이라고 불리게 된 이유에 대해서는 두 가지 이야기가 있다. 하나는 그들이 다니던 대학에서 발행하는 '디 유니언The Union'이라는 실제 뉴스레터의 명칭에 대한 조롱이라는 것이다.

'어니언'과 '유니언'은 발음이 꽤 비슷하기 때문에 꽤 설득력이 있다. 흥미롭게도 어니언onion(양파)이라는 단어는 실제로 유니언union(연합)이라는 단어와 관련이 있다. 양파는 낱개인 정향으로 이루어진 마늘과는 달리 단지 하나의 통합된 구근이기 때문이다.

또 다른 이야기는 창작자들의 식단에서 나온 것이다. 이 패러디 뉴스레터를 만들려는 학생들은 너무 빈털터리여서 식용으로 그들이 가진 것은 빵과 양파뿐이었다. 그래서 그들은 웹사이트를 만들고 운영하려고 노력하는 동안 자신들이 먹었던 양파를 기리기 위해 이를 명칭으로 붙였다는 것이다. 디 어니언과 관련된 것들 대부분처럼 아마도 이 또한 농담일 것이다.

The Origin of Names,
Words and Everything in Between
Volume II

14

음료수

Drinks

전편에서는 음식 어원에 대한 맛보기를 제공했다.
음료수의 어원은 하나도 다루지 않았기 때문에
독자들은 모두 목이 말랐을 것이 틀림없다.
이번에는 다양한 음료수들의 명칭을 살펴봄으로써
모든 갈증을 해소하도록 하겠다.

액체는 우리의 생존에 중요할 뿐 아니라 맛도 있다.
여기서는 일반 명칭과 몇몇 브랜드도 다룰 것이다.
술에 대한 명칭도 조사할 예정이다.
그 시점에 이르면 미성년자가 아님을 입증하는
신분증을 준비해 두기 바란다.

물
Water

**미지의
기원**

● 물은 의심할 여지없이 우리 인간과 이 지구상에서 가장 중요한 물질 중 하나이다. 우리 인간은 몸의 약 60%가 물로 이루어져 있고, 지구는 약 70%가 물로 이루어져 있다. 물은 지구에서 생명체가 번성할 수 있었던 이유이고, 우리 지구를 은하계의 다른 바윗덩어리들과 구별해 준다.

　우주를 탐험할 때 우리는 물을 찾으려고 한다. 왜냐하면 물의 존재가 더 많은 생명의 존재 가능성을 의미할 수 있기 때문이다. 물은 정말로 중요하다. 그렇지만 어원이 재미없는 것은 좀 아쉽다. 물은 우리에게 매우 중요해서 할 이야기도 그만큼 많다. 우리가 물에 대해 알고 있는 것은 이 단어가 '물/젖음'을 의미하는 인도-유럽조어의 결합까지 거슬러 올라간다는 것이다.

물이라는 단어가 어디에서 왔는지 확실하지 않지만, 어떤 사람들은 물이 살아 있는 힘이라고 생각했기 때문에 그것이 '동물'을 의미하는 또 다른 인도-유럽조어 단어인 '앱ap'과 관련이 있을 것이라고 생각한다. 앞서 말했듯이 물의 어원이 아주 흥미롭지는 않지만, 그것이 물이다! 흥미롭지 않다고 물을 언급하지 않을 수는 없다.

물에 대해 조금이나마 흥미로운 점은 물을 설명할 때 사용하는 다른 단어들이다. 가장 눈에 띄는 것은 '아쿠아aqua'와 '하이드로hydro'이다. 우리는 항상 물 대신 이 단어들을 사용했다. 수족관aquarium이나 수력 발전hydroelectricity 같은 것들 말이다.

아쿠아aqua는 단순히 '물질'을 뜻하는 라틴어 이름에서 왔고, 하이드로hydro는 그리스어에서 비롯되었다. 이 두 언어가 우리 주변의 많은 세계를 형성한 것처럼 보인다. 아쿠아와 하이드로라는 이 두 단어는 모두 물과 같이 미지의 기원에서 왔다.

우유
Milk

**닦고, 문지르고,
두드려서 얻는 음료**

● 우유는 최소한 우리 포유류들에게는 아마도 두 번째로 중요한 음료일 것이다. 인간과 다른 포유류들의 몸에서 생산되는 우유는 우리가 새, 파충류, 물고기, 곤충들과 구분되는 중요한 특징이다.

사실 포유류mammal라는 이름은 우유를 생산하는 선인 유선 mammary gland에서 유래했다. 물처럼 이 액체의 이름도 꽤 오래되었지만, 그 기원이 명확한 것은 아니다. 그래도 다행히 그 기원이 그다지 불투명하지도 않다.

우유 역시 그 어원은 인도-유럽조어에 있다. '닦다wipe/비비다rube/보관하다stoke'라는 뜻의 인도-유럽조어의 단어 '멜그 melg'가 그것이다. 그런데 왜 우유는 기본적으로 동사처럼 보이는 이 단어의 이름을 따서 만들어졌을까? 그것은 이 동사가 우유와 밀접하게 연관되어 있기 때문이다.

우리는 어렸을 때 어머니의 젖을 먹지만, 성장하면서는 다른 동물들, 특히 소들의 젖도 마신다. 하지만 어머니의 젖을 먹는 것과 같은 방식으로 젖소의 우유를 마시지는 않는다. 대신 젖을 닦고, 문지르고, 두드리는 동작으로 우유를 추출한다.

이것이 바로 우리가 동물로부터 우유를 얻는 방법이기 때문에 우유라는 단어가 이 고대 동사에서 유래된 것이다. 이는 '밀크milk/밀킹milking'이 영어에서 동사로도 사용되는 이유이기도 하다. 젖을 짜야 우유가 나오는 것이다! 라틴어로 액체를 '라크lac'라고 불렀다. 그래서 우리는 '젖당lactose' 같은 우유와 관련된 것들을 말할 때 이 단어를 사용한다.

차
Tea

**쓴 야채
음료**

● 만약 물과 우유를 함께 넣고 끓인 다음 여기에 잎을 더한다면 이 멋진 음료인 차tea를 마실 수 있다! 차는 세계에서 물 다음으로 널리 마시는 음료로 여겨진다. 허브든 아이스든 다양한 종류의 음료가 있다.

차는 내 고향인 영국과 깊은 연관이 있지만, 그 기원은 중국에 있다. 극동에서 처음 양조된 차는 한자로 '茶'로 표기되었고 'tu'라는 발음의 명칭이 붙여졌다. 이 명칭은 '쓴 야채bitter vegetable'를 의미했는데, 이는 차가 다소 쓰고 식물로 만들어졌기 때문이다.

이 한자 명칭은 茶자로 표현되는 '차'로 바뀌었다. 정확히 한 획을 빼면 이 두 한자는 동일하다. 서기 760년에 '차'에 관한 책을 썼던 중국의 학자 루유Lu Yu는 실수로 앞서 말한 획을 덧붙이는 것을 잊고 이러한 새로운 명칭을 붙였다.

이러한 철자상 실수로 인해 이 음료가 '차'라는 명칭으로 굳어졌다. 차는 14세기에 포르투갈인에 의해 중국에서 유럽으로 처음 전해졌다. 포르투갈어에서 이 음료는 여전히 '차chá'라는 단어로 쓰인다.

포르투갈인들이 차를 발견한 지 100년쯤 후에 네덜란드인들은 유럽에도 차를 수출하기 시작했다. 네덜란드군은 중국 푸젠성에 주둔했다. 이때, 이 지역의 원주민들은 음료의 이름을 다소 다르게 발음했다.

네덜란드인들은 나뭇잎들을 영국으로 가져왔고, 영국은 즉시 이 음료에 빠져들었다. 영어는 네덜란드어로 된 음료의 명칭을 채택했다. 그래서 '티tea'라는 명칭은 네덜란드어가 중국 이름을 푸젠 방언으로 바꾼 것을 다시 영어식으로 개작한 것이다. 차의 역사만큼이나 흥미로운 명칭이 아닌가?

카푸치노
Cappuccino

진한 갈색 예복을 입는
카푸친 수도사

● 모든 사람이 다 차를 많이 마시지는 않을 것이다. 전 세계의 많은 사람은 '나뭇잎'보다 '콩'에 더 집착하고 있다. 바로 커피콩이다. 커피의 종류는 매우 다양하다. 솔직히 이 음료는 그 자체만으로도 하나의 장을 따로 마련해서 설명할 수 있다. 하지만 여기서는 단지 커피 음료의 한 종류인 카푸치노만 설명할 것이다. 그 명칭의 유래가 흥미롭기 때문이다.

카푸치노는 '작은 카푸친little capuchin'을 의미한다. 그렇다면 보통 크기의 카푸친은 정확히 무엇인지 먼저 자문해 볼 필요가 있다. 이 명칭은 카푸친 수도사들을 가리킨다. 긴 갈색 두건이 달린 예복을 입는 수도사들로 구성된 수도회에서 활동하는 사람들이다. 이 커피의 이름은 이들의 예복을 딴 것이다. 이 커피가 예복과 비슷한 진한 갈색을 띠기 때문이다.

카푸치노가 후드를 쓴 상태를 의미한다는 설명도 여기에서 나온다. 그 명칭에 대한 더 농담조의 설명도 읽은 적이 있다. 어떤 사람들은 수도사들의 머리에 난 전통적인 대머리 무늬가 사람들에게 커피 위에 있는 우윳빛 거품을 생각나게 했기 때문에 이를 따서 이 커피의 명칭이 만들어졌다고 말한다.

물론 이 수도사들의 명칭을 딴 다른 것도 있다. 바로 '카푸친 원숭이capuchin monkey'이다. 이 원숭이들의 명칭을 수도사들의 명칭에서 따온 것은 커피와 같은 이유이다. 색깔이 비슷하기 때문이다. 수도회, 커피의 종류, 그리고 원숭이 이름이 모두 같은 명칭으로 연결되리라고 도대체 누가 생각이나 했겠는가?

주스
Juice

섞고 혼합해서
만드는 액체

● 과일과 야채는 놀라운 것이다. 우리는 그것들을 씹어서 먹을 수 있을 뿐만 아니라 즙을 짜서 마실 수도 있다! 그 생산물에서 얻은 이 즙을 '주스'라고 부른다. 사과주스나 오렌지주스 같은 다양한 주스는 우리 삶의 주요 재료가 되었다. 토마토주스와 당근주스처럼 눈썹이 치켜 올라가는 주스도 있지만 말이다.

주스라는 이름은 수천 년 전으로 거슬러 올라가기 때문에 농산물로 음료를 만드는 것은 새로운 개념이 아니다. 그것은 '수액sap/액체liquid'를 의미하는 고대 프랑스어 '주jus'를 통해 영어로 왔다.

이는 '육수'를 의미하는 라틴어 '이우스ius'에서 온 것이다. 궁극적으로는 '섞다/혼합하다'를 의미하는 인도-유럽조어 '예우에yeue'에서 나온 것으로 생각되는데, 이는 주스를 만드는 과정에서 과일을 혼합해 섞기 때문이다.

주스라는 단어가 흥미롭다고 생각되는 이유는 주스가 다른 의미로도 사용되기 때문이다. 가장 눈에 띄는 것은, 이것이 '전기electricity'와 동의어라는 것이다. "My phone is out of juice(내 핸드폰 주스가 떨어졌어)."라고 말한 적 있는가? 이는 꽤 새로운 것처럼 들리겠지만, 전기를 주스로 언급하는 것이 그다지 새로운 것은 아니다.

이러한 관점에서 주스라는 단어의 사용이 1896년으로 거슬러 올라간다는 증거도 있다. 이는 전기가 집에서 흔하게 사용되기 전의 일이었다. 둘 사이의 연결은 정말 빠르게 이루어졌다.

———

콜라
Cola

**콜라 열매 씨앗에서
온 음료**

● 콜라 앞에는 보통 다른 단어가 붙어 있다. 하지만 그것은 콜라 음료의 브랜드 명칭일 뿐이다. 콜라 음료를 생산하는 회사

는 많다. 코카콜라가 콜라 음료를 생산하는 가장 대표적인 브랜드이고, 펩시의 정식 명칭은 펩시콜라이다.

코카콜라가 콜라라는 단어에 대한 완전한 권리를 소유하고 있지는 않다. 설탕이 들어간 청량음료의 명칭이 되기 전에 콜라는 원래 콜라 열매 씨앗의 명칭이었다. 씨앗과 나무는 코코아과의 일부이며, 그 주된 용도는 향미를 위해 청량음료에 첨가되는 것이었다.

콜라 음료는 그저 레모네이드나 사과주스와 같은 맛을 내는 농산물의 명칭을 따서 명명되었다. 불행하게도 콜라 열매의 명칭이 어디에서 온 것인지는 모른다. 오래된 서아프리카의 뿌리에서 유래했다는 것을 제외하면 말이다.

여러분이 알아차렸을 것이라 생각되지만, 사실 콜라 열매는 K로 시작하고, 콜라 음료는 C로 시작한다. 이는 우연한 일이 아니다.

코카콜라를 발명한 존 펨버턴John Pemberton은 K가 아니라 두 개의 C가 연속해서 이어지는 것이 더 멋있어 보일 것이라고 생각했다. 그래서 일부러 명칭에 K 대신 C를 사용하기로 했다. 사실 K로 쓴 코가콜라Coca-Kola는 확실히 그다지 멋있어 보이지는 않는다.

닥터 페퍼
Dr. Pepper

두뇌에 좋은 매콤한
건강 음료

● 그다지 인기가 있지는 않지만, 닥터 페퍼는 코카콜라보다 한 살 더 많다. 이 음료의 창시자인 찰스 앨더튼Charles Alderton은 약사였고, 약국의 소다수에서 다양한 맛과 시럽을 실험하면서 음료를 제조했다. 많은 탄산음료처럼 처음에 닥터 페퍼는 두뇌에 도움을 주는 건강 음료로 홍보되었다.

알아차렸을지 모르겠지만 이 음료의 창조자는 의사가 아니라 약사였고 그의 성씨는 당연히 페퍼가 아니었다. 그렇다면 어떻게 이 음료가 이러한 명칭을 갖게 되었을까? 진짜 닥터 페퍼가 있었을까?

뭐 있었을 수도 있다. 닥터 페퍼의 공식 웹사이트에서는 그 창조자가 옛 애인의 아버지 이름을 따서 이 명칭을 지었다고 말하고 있다. 이는 꽤 이상할 뿐만 아니라 뒷받침하는 더 이상의 증거도 없다.

하지만 확실한 소식통에 따르면 이것이 닥터 페퍼 측의 공식적인 설명이라는 것이다. 만약 이것이 사실이라면 진짜 닥터 페퍼가 있었다고 추측할 수도 있다. 이 명칭의 유래에 대한 또 다른 설명은 단순히 브랜드 이름이라는 것이다. 이 음료는 독특한 맛이 나는데, 약간 '매콤한peppery'이라고 할 수 있다.

다른 음료와 비교했을 때는 확실히 재미있다. '닥터' 부분은 사람들에게 더 설득적으로 들리도록 추가되었을 수도 있다. 이 음료는 처음에 건강 강장제로 마케팅을 했다. 음료에 '의사'라는 직함을 붙이는 것보다 더 좋은 홍보 방법은 없었을 것이다.

의사의 이름을 인용했다면 건강에 좋을 것 같다. 그렇지 않은가? 우리가 이 음료에 대해 알고 있는 한 가지는 원래 이름이 '와코Waco'였다는 것이다. 텍사스주 와코에서 제조되었기 때문에 처음에는 이렇게 불렸다.

아이른브루
Irn-Bru

스코틀랜드
국민 음료

● '아이른브루'라는 명칭은 한 특정 국가와 밀접한 관련이 있다. 그것은 스코틀랜드이다. 아이른브루는 스코틀랜드 국민 음료로 알려져 있다. 일부 소식통에 따르면 스코틀랜드는 콜라가 가장 인기 있는 청량음료가 아닌 지구상의 유일한 국가이다.

이 음료가 스코틀랜드산이고, 1901년부터 스코틀랜드에서 생산된 것은 분명하지만, 그 기원은 실제로 미국으로 거슬러 올라간다. 한 화학 회사가 1889년 뉴욕에서 '아이언브루IRONBREW'라는 라벨이 붙은 음료를 판매했다. 대부분의 청량음료와 마찬가지로 그것은 처음에 사람들의 삶을 향상하기 위한 강장제로 판매되었다. 그래서 화학 회사에 의해 제조된 것이다.

아이언브루는 기운을 북돋기 위한 것이었다. 그래서 로고도 강한 사람 모양이고, 명칭도 '아이언(강철) 브루인 것이다. 이는 몸을 쇠처럼 튼튼하게 만들어주는 음료였다.

하지만 이 음료의 이름에 약간 문제가 있었다. 그것은 철로 만들어진 것도 아니었고, 실제로 양조된 것도 아니었다. 1946년에 새로운 법이 제정되었을 때 이 문제는 훨씬 더 큰 이슈가 되었다. 제품 이름은 말 그대로 제품 자체에 충실해야 한다는 이유에서였다. 이는 아이언브루라는 제품의 명칭을 바꿔야 한다는 것을 의미했다.

이것이 오늘날 오렌지색 캔에서 모음이 빠지게 된 이유이다. 원래의 이름을 유지하기에는 법적으로 무리가 있었기 때문이다. 이 규정은 이후 유명무실해졌다. 이 브랜드의 저가형 버전의 음료가 '아이언 브루Iron Brew'라고 불리게 되었기 때문이다. 모음이 없는 브랜드 캔을 마신다면 진짜를 마시는 것이다

스피릿
Spirit

술꾼 몸에 영혼이 깃드는 음료

● 스피릿spirit은 많은 의미를 가진 단어이다. 귀신이나 유령 같은 존재의 명칭으로 쓰일 수도 있고, 힘들 때 잃어버릴 수 있는 어떤 것의 명칭으로 사용될 수도 있다. 하지만 음료의 세계에서 '스피릿'은 완전히 다른 의미이다. 보드카, 진, 데킬라, 위스키와 같은 독한 술의 명칭으로 사용된다.

어떤 스피릿(알코올)은 너무 강해서 마시지는 못하고 산업적인 용도로만 사용된다. 스피릿이 때로는 '리큐르liquor'라고 알려져 있기도 하지만, 이 단어는 단지 '액체liquid'를 의미하는 라틴어 '리큐어liqueur'에서 온 것이다. 도대체 어떻게 이 음료들에 '스피릿'이라는 단어가 적용되었을까?

술이 스피릿이라는 명칭으로 바뀐 이유에 대해서는 몇 가지 설명이 있다. 인기 있는 설명 중 하나는 이 명칭을 지어준 아리스토텔레스의 공로를 인정하는 것이다. 그는 이 독한 술을 마시면 술꾼의 몸에 영혼이 깃든다고 느꼈다. 나는 우리 중 많은 사람이 몇몇 종류의 술에 탐닉한 후 꽤 의기양양해졌을 것이라고 확신한다. 단지 그 영혼들은 다음 날 아침에 무너져 내렸다.

또 다른 설명은 성경Bible과 성령Holy Spirit에 관한 것이다. 신약 사도행전 2장 13절에는 '제자들이 새로운 술을 너무 많이 마시고 취해 있다'고 기록되어 있다. 이는 기본적으로 성령을 받는 것이 술에 취하는 것과 매우 비슷한 상태임을 암시한다. 술이 특정한 스피릿의 명칭을 따서 명명된 이유가 바로 이 때문이다.

마지막 설명은 고대 아랍의 연금술사들이 액체를 증류할 때 증기를 증류시켜 연금약액 '엘릭시르elixir'를 만든다는 것이다. 이 이야기가 매우 흥미롭다고 생각되는 이유는 다른 의미를 가진 두 단어가 비슷하게 들리는 경우가 아니기 때문이다. 마시는 술은 초자연적인 종류의 영혼(스피릿)의 명칭을 따서 지어졌다.

칵테일
Cocktail

**꼬리를 짧게 자른
잡종인 말**

● 칵테일은 특정 음료가 아니라 다양한 음료들을 조합하여 만든 음료의 총칭이다. 칵테일의 사용은 음료의 세계를 넘어선다. 무엇이든 혼합된 것은 '칵테일'이라고 불릴 수 있다. 그리고 분명히 진짜 칵테일Cocktail도 있다. 수탉의 꼬리tails of rooster

말이다.

수탉의 이 꼬리 깃털과 음료 사이에 연관성이 있을까? 그 명칭은 수탉과 관련된 것이 아니라 다른 농장 동물인 '말'과 관련이 있다. 칵테일은 음료를 마시게 되기 전에 꼬리를 짧게 자른 말cock-tailed을 가리키는 용어였다. 이렇게 꼬리를 자른 이유는 그들이 순종이 아니라는 사실을 나타내기 위해서였다. 즉, 칵테일은 '잡종인 말'을 의미하는 것이었다.

여기서 우리는 어떻게 잡종인 말이라는 용어가 다른 음료들을 섞어서 만들어진 음료에 적용되었는지 알 수 있다. 이는 특히 술을 마시면서 동시에 경마를 관람하는 경우가 많았기 때문이다. 이는 어떻게 이 술이 칵테일이라는 명칭을 얻었는지에 대한 하나의 생각일 뿐이다.

우선 칵테일이라고 부를 수 있는 특정한 혼합 음료는 원래 하나뿐이었다. 하지만 다른 혼합 음료가 탄생하면서 이 칵테일이라는 용어는 그것들 모두에 적용되었다. 그 최초의 혼합 음료를 부르는 명칭은 '올드 패션old-fashioned 칵테일'이다. 그래서 오늘날까지도 최초의 칵테일을 오래된 칵테일이라고 부르는 것이다.

이외에도 이상한 명칭을 지닌 다른 종류의 칵테일도 있다. 1975년에는 '코스모폴리탄Cosmopolitan'이라는 명칭의 칵테일이 나왔다. 처음 혼합되었을 때 그 음료가 얼마나 현대적이고 세계적이었는지 알 수 있다.

'우우Woo Woo'는 뉴욕 메츠팀이 프로야구 경기에서 득점을 할 때마다 바텐더들이 내뱉는 구호에서 따온 것으로 생각된다. 그리고 '섹스 온 더 비치Sex on the Beach'는 이 칵테일을 만든 사람이 해변에서의 섹스가 술을 즐기는 사람들이 좋아하는 오락이라고 생각했기 때문에 붙여진 명칭이었다.

모든 칵테일에 알코올이 포함되어 있는 것은 아니다. 최근에는 무알코올 칵테일이 인기를 끌고 있다. 이 칵테일은 '모크테일mocktail' 또는 '모크 칵테일mock cocktail'로 교묘하게 만들어진 단어이기도 하다. 모크mock는 '가짜의'라는 의미의 형용사이다.

The Origin of Names,
Words and Everything in Between
Volume II

15
형용사
Adjectives

"

이 책은 명칭과 단어의 기원을 다룬다.
하지만 여기서는 형용사adjective를 살펴보도록 하자.
형용사는 우리가 사물을 묘사할 때 사용하는 단어이다.

명사가 언어의 버팀목이라면, 형용사는 확실히 향신료이다.
'크고, 멍청하고, 털이 많은 개'가 그냥 '개'보다
훨씬 더 재미있지 않을까?

형용사는 이 책에서 조명한 모든 곳에 등장한다.
물론 형용사라는 단어 자체는 형용사가 아니라 명사이다.
형용사는 다른 단어들과 함께 사용되기 때문에
라틴어로 '~ 쪽으로 던지다'라는 뜻에서 비롯되었다.

"

커다란
Big

바이킹 방식으로
위대한 사람

● '커다란(큰)'이라는 의미의 '빅big'은 영어에서 가장 인기 있는 형용사 중 하나이다. 우리가 다양한 사물들을 처음 이해하기 시작할 때 선생님들과 부모님들이 예로 많이 사용하는 형용사가 바로 '빅big'이다. 이를 보면 '큰'이라는 단어가 특별한 의미를 지닌 라틴어 혹은 인도-유럽조어 어근에서 왔다고 추측하게 될 것이다.

하지만 그렇지 않다. 단어라는 큰 틀에서 보면 이 단어의 기원은 아주 오래전으로 거슬러 올라가지 않는다. 이 단어가 사용된 초기의 흔적이 나타난 것은 14세기부터로, 주로 잉글랜드 북부에서 사용된 단어였다.

이로 인해 많은 어원학자들은 이 단어가 바이킹에서 기원해서 영어로 도래했을지 모른다고 믿게 되었다. 진정한 바이킹 방식으로 나머지 언어를 약탈하기 전에 이 단어는 '위대한 사람'을 의미하는 그들의 단어 '버그bugge'에서 유래했을지도 모른다.

그렇다면 '빅big'이라는 단어가 등장하기 전에 나머지 영어권 사람들은 엄청난 크기의 것들을 묘사할 때 어떤 단어를 사용했을까? 그 영예는 아마도 고대 영어 단어인 '미셸micel'이 해당될 것이다.

이 단어는 이제 더 이상 존재하지 않지만, 이는 여전히 크고 웅장한 것과 연관성이 있는 많은 형용사를 만들어냈다. 만약 우리가 어떤 것이 '너무 많다too much'고 말한다면, 그것은 어떤 것이 너무 크다는 것을 의미할 수 있다.

엄청나게 큰 힘이 드는
Herculean

**헤라클레스가 지닌
특별한 유산**

● 때로는 특별한 유산을 지닌 특정한 인물이 있다. 그 유산은

한 가지 특징과 매우 밀접하게 연결되어 있어서, 우리는 어떤 것을 묘사하기 위해 그들의 이름을 사용한다. '엄청나게 큰 힘이 드는'이라는 의미의 영어 형용사 '허큘리언herculean'이 바로 그러한 경우이다.

만약 어떤 것을 가리켜 '허큘리언herculean'이라고 묘사한다면, 이는 '엄청난 힘이나 용기를 가진' 것이라는 의미이다. 이는 마치 엄청난 힘을 지닌 것으로 알려진 그리스 영웅 헤라클레스Hercules(영어 발음은 허큘리스)와 같은 용기를 보여준 것 같다는 말이다.

헤라클레스는 신체적 기량과 놀라운 용기로 매우 유명해진 인물이다. 이러한 자질을 가진 다른 사람들에게 그는 늘 비교 대상이었다. 이는 결국 우리에게 이 같은 괴팍한 형용사를 만들어주었다.

헤라클레스는 신화적인 인물이지만, 실제 사람들과 그들의 자질을 바탕으로 한 형용사도 만들어졌다. 작가 조지 오웰George Orwell에 대한 헌사로 만들어진 형용사 오웰리언Orwellian은 '전체주의적인'이라는 의미이다. 이 단어는 반反이상향의(디스토피아적인) 감시 상태와 유사한 상황을 묘사하기 위해 사용한다.

영국의 작가 찰스 디킨스Charles Dickens의 이름을 딴 디켄시언Dickensian이라는 단어도 있다. 이는 '사회 환경이 디킨스 소설에

나 나올 정도로 열악한'이라는 의미이다. 디킨스는 빅토리아 시대의 런던과 영국의 실상을 가장 잘 묘사한 작가이다.

사실, '빅토리안Victorian(빅토리아풍인)'이라는 형용사도 빅토리아 여왕Queen Victoria 재위 시절을 묘사하기 위해 그녀의 이름에서 따온 또 다른 대표적인 형용사이다. 개인적으로 가장 좋아하는 단어는 몬티 파이선Monty Python의 코미디 그룹 덕분에 만들어진 단어인 '파이선스크Pythonesque(악마 같은)'라는 형용사이다. 이는 초현실적이고, 재미있고, 기괴하고, 완전히 한심한 것들을 묘사하는 단어이다.

——

심연의
Abysmal

빛이 비치지 않는 밑바닥

● 만약 어떤 것이 '어비즈멀abysmal(심연의)'이라고 묘사된다면 이는 좋은 것이 아닐 것이다. 이는 애처로운 것보다, 비참한 것보다, 절망적인 것보다도 더 나쁜 것이다. 이 단어는 상황을 개선하는 데 도움이 되는 희망의 빛이 전혀 없을 때 사용된다.

17세기에 이 단어가 처음 등장했을 때 이는 문자 그대로 빛이 비치지 않는 곳을 가리켰다. 어비즈멀abysmal은 처음에 깊고 어두운 공간인 '어비스abyss(심연)'와 관련된 것을 묘사하기 위해 사용된 형용사이다. 예를 들어, 어떤 이유로든 심연 속에 집이 있다면, 이를 '심연의 집'이라고 묘사할 수 있을 것이다.

심연은 비참하고 절망적인 곳이다. 나락에 빠져 있다는 것은 은유적으로나 문자적으로나 좋은 장소에 있지 않다는 의미이다. 이로 인해 이 단어는 극도로 나쁘거나 끔찍한 것을 묘사하기 시작하면서 더 은유적인 의미를 띠기 시작했다.

'어비스abyss'라는 단어 그 자체는 밑바닥을 의미하는 그리스어 '비소스byssos'에서 유래한 것으로 생각된다. 여기서 '어a'는 처음에 없는 것을 의미하는 데 많이 사용되는 접두어였다. 많은 심연이 끝이 없는 것으로 묘사되기 때문에 심연이란 '바닥이 없다'는 것을 의미한다. 형용사에 관한 부분에서도 명사를 설명하는 방법을 찾고 있다.

투박한
Clumsy

**추위에 무감각해져
뻣뻣하다**

● 이는 나에게는 아주 익숙한 형용사처럼 느껴진다. 나의 동료인 투박한 사람들clumsy people에게도 역시 그렇다. 서투르거

나 투박한 것이 지금은 이리저리 흔들린다는 것과 연결되어 있지만, 그 시작은 정반대였다는 점이 흥미롭다. 이 단어는 처음에 '무감각하고 뻣뻣하다'는 의미로 그 삶을 시작했다. 이는 특정한 이유로 무감각해지라는 것을 의미했다.

'클럼지clumsy'는 추위에 무감각하다는 뜻의 중세 영어 단어인 '클럼시드clumsid'에서 유래한 것이다. 추운 겨울 동안 많은 사람들이 무감각해지는 일에 익숙했다고 확신한다. 시간이 흘러 이 '클럼시드'라는 단어는 '클럼지'가 되었고 현대적 의미를 가지게 되었다.

이는 손재주가 떨어지는 사람들을 묘사하는 데 사용되었다. 이 어원에서 가장 좋아하는 부분은 '클럼지'가 '콜드cold(차가운)'와 '넘numb(무감각한)'이라는 단어들의 혼합이라는 것이다. 이는 놀라울 정도로 잘 어울린다.

———

단조로운
Humdrum

지루함을
복제한 결과

● 험드럼humdrum은 많은 사람이 연관되고 싶어 하지 않는 단어이다. 이는 지루하고, 단조롭고, 재미없는 것으로 정의된다.

누구나 불리고 싶지 않은 형용사들이 있는 것은 분명하다. 개인적으로 나는 이 험드럼humdrum이라는 단어라고 생각한다.

이 단어는 북소리보다는 콧노래와 더 관련이 있다고 믿어진다. 물론, 콧노래는 우리가 입안에서 내는 음악일 뿐만 아니라 우리가 입에서 내는 윙윙거리는 소리이다. 우리가 입으로 윙윙거리는 소리를 내든, 아니면 다른 무언가가 윙윙거리는 소리를 내든, 그 의미는 같다.

콧노래는 지루하거나 따분한 것과 밀접한 관련이 있다. 콧노래는 우리가 지루한 일과를 할 때 하는 것이고, 벌레나 기계의 단조로운 소리 또한 지루하다. 이처럼 험hum은 지루함과 결부되는 단어이다.

반면에 드럼drum은 지루함이나 따분함과는 거리가 멀다. 그런데 왜 이 형용사에 드럼drum이 들어가 있을까? 험드럼humdrum에서 드럼drum은 단순히 중복에서 비롯되었다. 단어 또는 소리를 복제하는 것은 우리 인간이 좋아하는 일이다. 아이들은 마마(엄마)와 다다(아빠)처럼 중복된 단어를 잘 만든다.

하지만 이는 우리 어른들도 하는 일이다. 정확하게 똑같은 철자대로 복제하지는 않지만, 이와 비슷하게 들리는 단어로는 '유후yoo-hoo', '힙합hip-hop', 그리고 '피터패터pitter-patter' 같은 것들이 있다. '험드럼humdrum'도 다른 형태이기는 하지만 단지 양념을 곁들이는 것처럼 재미있는 복제의 결과라고 믿어진다.

무기력한
Lethargic

**게으르고
부주의한 느낌**

● 레이지lazy(게으른)한 것보다 더 심한 상태의 기분을 느껴본 적이 있는가? 너무나도 게을러서 아무런 방해도 받고 싶지 않은 상태······. 이처럼 한 문장을 제대로 끝내기도 귀찮을 정도로 말이다. 이 정도의 비생산성을 느끼고 있을 때면 '게으름'이라는 단어로는 어떻게 느끼고 있는지 설명이 되지 않는다.

그 대신 '게으름을 느낀다'는 뜻의 '러싸직lethargic'이라는 단어를 사용하는 것은 어떨까? 무기력하다는 것은 믿을 수 없을 정도로 피곤하거나 음식을 많이 먹은 후 나른한 상태가 되는 것처럼 게을러지는 것과는 다른 기분을 의미할 수 있다.

많은 형용사들이 명사에서 만들어졌다. 머리숱이 많은 사람을 묘사하기 위한 단어인 '헤어리hairy'를 생각해 보면 이해가 될 것이다. '러싸직lethargic'도 이러한 또 다른 예이다. 하지만 이 단어의 어근인 명사는 '헤어hair(머리카락)'라는 단어만큼 많이 사용되는 단어는 아니다.

'러싸직lethargic'은 명사 '러써지lethargy'에서 비롯되었다. 이 단어는 가령, "이 책을 읽으면 엄청난 무기력감이 남는다."라고 할 때처럼 흥분이 극도로 제한될 때 사용한다. 이 형용사를 이해하려면 이 단어의 명사를 이해해야 한다.

러싸직lethargic은 '부주의하고 게으른forgetful and idle'이라는 의미의 그리스어 복합 단어인 '레타르고스léthargos'에서 유래한다. 이 두 단어는 '게으르고 부주의한' 것이라는 느낌이 러써지lethargy임을 잘 함축하고 있다.

생체 공학적인
Bionic

**생물학적 세계와
일렉트로닉 세계의 혼합**

● '바이오bio'의 단어 형성 요소는 살아 있는 모든 것과 자연 세계와 밀접하게 연관되어 있다. 이는 말 그대로 생명체를 뜻하는 그리스어에서 왔는데, 살아 있는 유기체에 대한 연구를 의미하는 생물학biology과 같은 단어에서도 볼 수 있다. 하지만 바이오닉bionic(생체 공학적인)이라는 형용사는 살아 있고 자연스러운 것을 묘사하지 않는다. 사실은 정반대이다.

우리는 '인공, 전자, 그리고 기계적인' 것들을 묘사하기 위해 '바이오닉bionic'이라는 단어를 사용한다. 만약 누군가가 여러분에게 바이오닉 다리를 가지고 있다고 말한다면 속으로 살과 뼈로 된 다리가 아닌 로봇 다리를 상상할 수 있을 것이다. 왜 유기적인 생명체와 매우 밀접하게 연관된 이 단어를 로봇 같은 것을 묘사하는 데 사용하는 것일까?

바이오닉bionic이 테크놀로지technology(기술)라는 단어와 관련된 모든 것에 사용하는 단어는 아니다. 노트북이나 휴대전화기를 바이오닉bionic이라고 표현하지는 않을 것이다. 앞서 언급한 바이오닉 다리처럼 기술과 유기물이 혼합된 것을 설명할 때 사용하는 경향이 있다. 심지어 완전히 기술적인 것도 '바이오닉'이라고 부를 수 있다. 바이오닉 개처럼 말이다.

비록 생체 공학 개가 완전히 로봇일지라도 이는 여전히 실제 동물을 기반으로 한다. 바이오닉은 생물학적 세계biological world와 일렉트로닉(전자적) 세계electronic world가 함께 섞일 때 사용되는데, 이 '혼합'에서 바이오닉이라는 단어가 유래되었다.

바이오닉bionic은 단순히 바이오bio라는 단어와 일렉트로닉 electronic이라는 단어의 마지막 세 글자(-nic)의 혼합이다. 이런 의미에서 바이오닉은 1963년에 처음 기록되었고, 〈6백만 달러의 사나이〉, 〈터미네이터〉, 〈형사 가제트〉, 그리고 〈로보캅〉 같은 가상의 캐릭터들을 통해 유명해졌다.

현대 대중문화와 가장 관련이 있는 것은 바이오닉이지만, 이 단어의 기원은 20세기 초로 거슬러 올라간다. 이런 의미에서 바이오닉은 얼간이나 괴짜가 아닌 고생물학자들이 사용하는 형용사였다.

그들은 괴짜였을 수도 있지만, 나와는 다른 종류의 괴짜였을 것이다. 화석의 세계에서 바이오닉은 몇 세대에 걸쳐 특정한 특성을 성공적으로 반복한 유기체를 묘사하기 위해 사용되었다.

추상적인
Abstract

현실에서 벗어난 것을
다시 끌어내는 행동

● '앱스트랙트abstract(추상적인)'라고 묘사될 수 있는 어떤 것을 마음속에서 그려보기는 쉽지 않다. 오늘날 '추상적'이라는 단어의 의미는 이와 같은 것에 대한 의미를 담고 있다. 실제로 구체적인 이미지나 아이디어가 없는 것을 추상적이라고 묘사하는 것이다. 심지어 기괴한 것을 의미할 수도 있다. 앱스트랙트abstract는 예술의 영역에서 가장 잘 어울리는 단어일 것이다.

앱스트랙트abstract가 이처럼 덧없는 의미를 갖기 전에는 이해하기가 좀 더 쉽다는 것을 의미했다. 이는 뭔가 끌리는 것을 묘사하기 위해 사용되었는데, 아마도 문자 그대로 수레를 끄는 것과 관련이 있을 것이다. 아니면 은둔적인 사람을 뜻하는 은

유적인 의미일 수도 있다.

앱스트랙트abstract 그 자체는 단어 형성 요소인 '앱ab'에서 시작한다. 이는 '~에서 벗어나 있다'는 의미로 이를 앱노멀abnormal(비정상적인) 혹은 앱덕션abduction(유괴)과 같은 단어에서 볼 수 있다. 앱스트랙트abstract에서 '-stract' 부분은 '그리다/끌다'를 의미하는 라틴어 '트라헤레trahere'에서 유래되었다.

이 단어는 비문자적인 것을 묘사하기 위해 사용되지만, 앱스트랙트abstract는 문자 그대로의 어원을 가지고 있다. 어원을 통해 이 단어가 현실에서 벗어나 있는 것을 묘사하기 위해 사물을 다시 끌어내는 행동을 어떻게 묘사하는지 쉽게 알 수 있다.

좋은
Nice

**무식한 바보들에서
친절한 사람들로 변화**

● '좋은'이라는 영어 단어 '나이스nice'는 착하고, 친절하고, 너그러운 사람들을 묘사할 때 사용하는 단어이다. 이는 대체로 긍정적인 말이다. 나이스nice는 좋아하지 않는 사람과 함께 묶을 수 있는 단어가 아니다. 그런데 먼 옛날에는 그렇지 않았다. 현대에 와서는 의미가 바뀌었지만, 나이스nice는 좋은 의미의

어원을 가지고 있지 않다.

우리가 '나이스nice'라는 단어를 사용하기 전에는 라틴어로 '네스키우스nescius'가 있었다. 이는 '무식한ignorant' 또는 '멍청한 foolish'이라는 의미였다. 이 라틴어는 각각 '아니다'와 '알다'라는 뜻의 라틴어 어근인 '네ne'와 '스키레scire'에서 왔다. 그래서 이 라틴어는 '너무 알지 못하다'는 것을 의미했다. 이는 좋은 의미로 사람들에게 사용할 수 있는 형용사가 아니었다.

우리가 바보들을 묘사할 때 사용하는 이 단어가 어떻게 친절한 사람들을 묘사하기 위한 단어로 바뀌었을까? 이러한 변화는 14세기에 시작되었다. 그때 이 단어는 현재의 철자인 '나이스nice'가 되었지만, 그 의미는 아직 완전히 바뀌지 않았다.

이때에는 지나치게 사치스러운 것들을 묘사하는 데 나이스nice가 사용되었다. 어떻게 이러한 변화가 일어나게 되었는지는 잘 모르겠지만, 세월이 흐르면서 이 '사치스러운'이라는 의미는 누그러지기 시작했다.

15세기에 이르러서는 세련되고 교양 있는 것들을 묘사하는데 나이스nice가 사용되었다. 18세기에 이르러서는 이렇게 세련되어지는 것이 좋고 친절한 삶의 방식으로 여겨졌다. 그리고 이 세련되고 친절한 사람들에게도 멋진 말로 적용되었다. 결국 그것은 그들의 부와 생활방식에 상관없이 모든 친절한 사람들에게 적용되었다.

프랑스의 한 도시가 이 형용사와 관련이 있는지 궁금해 하는 사람이 있을지도 모른다. 이는 사실이 아닌 것 같다. 프랑스의 도시 니스Nice는 그리스어로 '승리'를 뜻하는 단어인 '니카이오스nikaios'에서 유래했다. 그래서 이 도시의 이름은 신발 브랜드 이름이 된 그리스 승리의 여신 나이키NIKE와 다소 비슷하게 들린다.

울적한
Melancholy

과도한 검은 담즙의 분비

● 내 인생을 사물의 명칭과 명사의 기원을 파악하는 데 바쳤지만, 내가 영어 단어 중에서 가장 좋아하는 단어가 형용사이고, 그중에서도 이 '멜랑콜리melancholy(우울한)'라는 단어라고 한다면 놀랄지도 모르겠다. 멜랑콜리melancholy는 뚜렷한 이유 없이 밀려오는 슬픈 감정을 묘사하는 데 사용되는 단어이다.

물론, 이것이 가장 재미있는 단어는 아니다. 내가 가장 좋아하는 이 단어가 나를 우울하게 만들 수도 있다. 하지만 여기에는 내가 가장 좋아하는 것이 있다. 우리가 정확하게 왜 그런지 그 이유를 모를 때에도 때때로 슬퍼하는 것은 괜찮다.

만약 멜랑콜리melancholy에 대한 정의가 실망스럽지 않다면 그것의 어원 역시 실망스럽지 않을 것이다. 계속 호기심이 생긴다면 계속해서 읽어보라. 멜랑콜리melancholy는 '슬픔'과 '우울함'을 의미하는 그리스어 '멜랑크홀리아melankholia'에서 유래된 것으로, 매우 멋지다.

이는 '검은색'을 의미하는 그리스어 '멜라스melas'와 '우울함'을 의미하는 '크홀레khole'로 나뉜다. 우울함이 지나치면 기분이 아주 안 좋을 것 같다. 우울함은 그 자체로 매력적이지 않게 들리지만, 이것은 정확히 무엇을 의미하는가?

우울함에 대한 아이디어는 고대 그리스로 거슬러 올라간다. 그때 우리는 인간의 몸이 어떻게 작동하는지 완전히 이해하지 못했다. 요약하자면, 많은 철학자와 의사는 인간의 몸이 '유머humour'라고 알려진 네 가지 다른 '기질'에 의해 작동된다고 생각했다. 이것들은 우리의 행복과 감정을 통제한다.

이 네 가지 기질을 담은 액체는 혈액, 가래, 황담즙, 그리고 검은 담즙이다. 검은 담즙은 비장에서 생성되며 그것이 몸에 과부하되면 무엇보다도 먼저 슬퍼진다고 믿었다. 물론 해부학에 의하면 이런 생각은 전혀 사실이 아니다. 하지만 과도한 검은 담즙에 대한 이 총체적인 개념은 우리에게 멜랑콜리 melancholy라는 단어를 주었다.

이제 여기서 일단 흥미진진한 어원적 모험을 마무리한다. 이 책은 전편에서 다루었던 주제들보다 더 멀리, 그리고 더 깊이 단어 기원의 세계로 파고 들어가기 위해 출발했다. 카운티나 도시 같은 곳에서 안전하게 노는 대신, 물 같은 단어와 역사적인 장소에 뛰어들었다. 또한, 인간의 이름과 성씨를 조사함으로써 다시 단단한 땅에 안전하게 발을 올려놓았다.

**하지만 한 가지 의문이 드는 것이 있다.
그 다음 여정은 어떻게 될까?**

우리는 이 책을 통해 우리 주변에 존재하는 수많은 단어와 이름들이 깊고 흥미로운 기원을 지니고 있다는 것을 다시 한 번 확인할 수 있었다. 지금은 바람을 쐬러 잠시 수면 위로 올라온 것일지도 모르지만, 나는 벌써부터 더 깊이 잠수하고 싶다.

다른 주제와 영역을 들여다보고, 그 안에서 이상하고 인기 있는 단어와 명칭을 찾고, 내 자신에게 '어떻게 그 명칭이 만들어진 것일까?'라고 끊임없이 다시 질문하고 싶다.

내가 너무 앞서가고 있는 것 같기도 하다. 잠시 쉬면서 이 책에서 알아낸 사실들을 즐기도록 하자. 그것이 어떤가? 기억하라. 이 사실들을 혼자만 알고 있지 말고 세상과 공유하라. 여러분의 친구, 가족, 동료, 그리고 반 친구들에게 말하라.

나는 이 책이 내가 가지고 있는 어원에 대한 설렘을 여러분에게 전달했으면 좋겠다. 아마도 이제는 여러분이 어원에 대한 독자적인 모험을 할 준비가 되었다고 느낄지도 모르겠지만!

작별을 고하며
—

만약 여러분이 어떤 식으로든 직접 어원의 세계를 탐험하는 일에 관심이 있다면 그것은 멋진 일이다! 이러한 선물은 프로메테우스가 신들의 불을 훔쳐 인간들에게 주었던 것처럼 나도 여러분 모두에게 주고 싶다.

바라건대 신이 나를 바위에 묶고 독수리를 보내 내 간을 파먹게 하지 않기를 바란다. 이 책을 마무리하기 전에 단어들이 어떻게 만들어졌는지 연구하는 데 도움을 준 몇 가지 훌륭한 자료들과 다른 책들을 추천하고 싶다.

온라인 자료들

월드 와이드 웹 덕분에 대부분의 질문은 검색 엔진에서 찾아보기만 하면 된다. 사실, 때때로 나는 내 자신을 유튜버나 저자가 아니라 '프로 구글러'라고 부르기도 한다. 많은 사이트가 올라오지만, 내가 특별히 추천하고 싶은 몇몇 사이트가 있다.

가엾은 낡은 위키백과는 나쁜 평가를 받고 있다. 누구나 편집할 수 있다는 점이 나쁜 것으로 보일 수도 있지만, 여전히 이는 훌륭한 정보원이다. 가장 잘 아는 사람들이 운영하는 세계의 집단 지식이 모두 이 한 곳에 모여 있다. 다만, 뭔가 이상하다고 생각되는 것이 있으면 반드시 출처를 확인해야 한다.

온라인 어원사전Online Etymology Dictionary 사이트인 'www.etymonline.com'은 많은 단어의 기원을 담고 있는 환상적인 웹사이트이다. 게다가 모두 출처를 밝히고 있어서, 그것을 사용하고 추천하는 것에 자신감을 갖게 해준다.

책들을 모아놓은 대규모 컬렉션 형태로 존재하는 옥스퍼드 영어사전Oxford English Dictionary 웹사이트는 나의 단골 사전이다. 이는 사용하기 쉽고, 명확한 정의, 예시, 단어의 역사적 사용, 그리고 심지어 간단한 어원까지 제공한다. 무료는 아니지만 대부분의 경우 라이브러리 멤버십을 통해 무료로 액세스할 수 있다. 여러분의 학교나 학원에는 여러분이 사용할 수 있는 계정

이 이미 있을 것이다. 만약 없다면, 끝까지 졸라서 사용하도록 만들라!

최근 우리가 직접 사용하는 이름들을 알아봤는데, 두 개의 웹사이트가 매우 유용하게 사용되고 있다. NameBerry는 수많은 이름의 유래와 의미를 담고 있는, 멋지고 사용하기 쉬운 작명용 사이트이다. 임산부들에게 초점이 맞춰져 있기 때문에 이름의 의미를 알 수 있을 뿐만 아니라 이름이 현재 인기가 있는지 여부도 알 수 있다.

Behind the Name 역시 멋진 작명용 웹사이트이다. NameBerry 보다 건조하지만 임산부에 초점을 둔 것은 아니고 사실적인 내용만 담고 있다. 이 사이트는 이름이 전 세계에서 어떻게 해석되어 왔는지와 같은 내용들도 강조되어 있다. 이 사이트가 아니었다면, '기예르모Guillermo'라는 이름이 '윌리엄William'을 스페인어로 해석한 것에 불과하다는 사실을 결코 몰랐을 것이다. 누가 이를 상상이나 했겠는가?

책들
—

좋은 책은 당해낼 수 없다. 나는 비록 작가이지만, 때때로 앉아서 읽는 것이 어렵다는 것을 인정한다. 하지만 최근 한 가지 생각이 내 머릿속에서 깜박거렸고, 이제 나는 책을 내려놓을 수 없을 것 같다! 몇 권의 책만 추천하기는 쉽지 않지만, 일단 다섯 권으로 압축했다.

빌 브라이슨Bill Bryson과 데이비드 크리스탈David Crystal은 내가 보기에는 영어의 최고 권위자들이다. 그들은 지식이 풍부함은 물론 매력적인 방법으로 글을 쓴다. 그저 부러울 따름이다. 브라이슨의 책『모국어Mother Tongue』와 크리스탈의『작은 언어책A Little Book of Language』은 영어에 대한 어려운 내용을 이해하기 위한 탐구를 시작할 수 있는 좋은 책이다.

만약 일반적인 언어가 아닌 어원에 초점을 맞추고 싶다면 가장 인기 있는 어원에 관한 책들 중 하나인 마크 포시스Mark Forsyth의『걸어 다니는 어원사전The Etymologicon』에서 시작할 수 있다. 그리고 그 내용은 완벽하다. 한 단어가 다른 단어와 매끄럽게 섞인다. 그냥 가서 읽으면 된다.

단어의 권위자 수지 덴트Susie Dent의 최근작『Word Perfect』는 훌륭한 읽을거리이다. 그것은 연간 365일 동안 매일 하나씩의 어원을 소개한다. 이 책은 열렬한 독서광이 아니라 매일 조금씩 읽는 것을 좋아하는 사람들을 염두에 두고 집필된 책이다.

마지막으로, 닐 버디스Neil Burdess의 훌륭한 책『Hello, My Name Is』는 최고의 성씨와 이름을 담은 책 중 하나이다. 이 책은 제목 어디에도 'baby'라는 단어가 등장하지 않는 '이름'에 초점을 맞춘 유일한 책이다. 만약 영어로 된 성씨와 이름을 완전히 이해하고 싶다면 이 책을 읽어라.

혼자 쓰기

여러분이 이 글을 읽을 때쯤에는 세상이 훨씬 더 나은 곳이 되어 있기를 진심으로 바란다. 이 책 전체는 코로나19의 세계적 대유행으로 인해 세계의 많은 지역이 봉쇄된 가운데 집필되었다. 이를 반드시 부각하고 싶은 것은 아니지만, 굳이 언급하지 않는 것도 기분이 이상했다. 커피숍에서 타자를 치며 세상 돌아가는 것을 지켜보던 나날들이 몹시 그립기는 하지만, 나의 일과 삶은 다행히도 거의 영향을 받지 않았다.

이 끔찍한 바이러스의 손아귀에 시달린 모든 사람에게 경의를 표한다. 이 힘든 시기에 내 일이 더 넓은 세상으로부터 주의를 분산시키는 것이었기를 바랄 뿐이다. 물론, 이 전염병의 와중에 중요한 역할을 해주신 분들에게 큰 감사를 드려야 할 것이다. 현장 보조원에서부터 병원에서 일하는 모든 분들에 이르기까지 말이다. 이분들이 이 미친 시대에 이 미친 세상을 계속 돌아가게 해주었다. 이 두 단락이 곧 우리 후대에 있을 역사의 한 조각을 위한 일종의 타임캡슐이 되기를 바란다.

감사의 글

——

내가 전편을 썼을 때 아무도 두 번째 책을 원할 것이라고는 생각하지 못했다. 그래서 전편의 마지막 부분에 나의 모든 감사와 사랑을 담았다. 그런데 내가 다시 이 자리에 있다니! 이번만큼은 지난번처럼 애정을 쏟지 않겠지만, 이 책을 쓰면서, 그리고 일상생활에서 나를 지지해 준 모든 분에게 큰 감사를 드려야겠다.

내 가족, 파트너, 친구, 동료 크리에이터들, 이 책의 제작을 위한 무대 뒤에 있는 모든 분, 그리고 물론 이 책들을 읽고 내 영상물을 시청해 준 여러분들에게 감사를 드린다. 여러분이 지금까지 보여준 지원이 없었다면 온라인이나 이 페이지에는 이름 설명이 존재하지 않았을 것이다. 감사의 글이 여전히 너무 애매모호한 것 같다. 다음번에는 더 직설적으로 써야겠다.

아는 만큼 보이는
어원 이야기

1판 1쇄 인쇄 2023년 6월 8일
1판 1쇄 발행 2023년 6월 26일

지은이 패트릭 푸트
옮긴이 김정한
펴낸이 여종욱

책임편집 최지향
디자인 Nuri

펴낸곳 도서출판 이터
등록 2016년 11월 8일 제2016-000148호
주소 인천시 중구 은하수로 436
전화 032-746-7213 **팩스** 032-751-7214 **이메일** nuri7213@nate.com

ISBN 979-11-89436-40-7 (03740)
책값 16,800원

잘못 만들어진 책은 구입처에서 교환해 드립니다.